「Teachable Machine」による機械学習

「犬のぬいぐるみ」（左）か「人」（右）かを見分ける（本文 p.8 参照）

はじめに

最近、ニュースなどで、「機械学習」「AI」「ディープラーニング」といった用語を耳にするようになりました。

「機械学習」というキーワードでニュースを検索してみると、「ロボットが周囲を認識する仕組み」から、「マーケティング」「化学」「ヘルスケア」「外国語学習」「物流」など、幅広い分野で使われるようになってきていることが分かります。

*

このように、「機械学習」「AI」は世の中のさまざまなところで活用され、私たちが耳にするニュースにも登場する技術ですが、これらの技術の名前を聞いたとき、どんなことを思い浮かべるでしょうか。

「難しそう...」「何ができるのだろう？」「自分で使えると面白そう」「なんとなくすごそう」──これ以外にも人それぞれ、いろいろと思い浮かべることがあるかもしれません。

*

筆者は、「自分で試せたら面白そう」と気になりつつも「自分がちょっと手をつけてみても、高度なことはできないだろうな」などと思っていました。

そんな中、あるとき「自分が持っているノートPCで、簡単に機械学習ができる！？」と衝撃を受けたのが、この書籍で扱う「Teachable Machine」でした。

初めて使ったときのことは今でも覚えています。

プログラムを書かずにPCを操作するだけで、カメラに映したいろいろなものを見分ける仕組みを、あっという間に作ることができました。

そして、その見分ける仕組みの精度が、驚くほどに高かったことに、さらに驚きました。

*

皆さんも、カメラに映ったものや人の姿勢を見分けたり、音を聞き分けたりする仕組みを自分で作ってみませんか？

本書で、「Teachable Machine」を使った機械学習の、最初の一歩を踏み出していただければと思います。

豊田　陽介

「Teachable Machine」による機械学習

ティーチャブル マシン

CONTENTS

サンプル・プログラムのダウンロード

本書のサンプル・プログラムは、下記のページからダウンロードできます。

＜工学社ホームページ＞

https://www.kohgakusha.co.jp/suppor_u.html

ダウンロードしたファイルを解凍するには、下記のパスワードを入力してください。

L9cSpNzg

すべて「半角」で、「大文字」「小文字」を間違えないように入力してください。

また、当書籍の補足情報は著者のGitHubリポジトリ（下記URL）で公開されます。

https://github.com/yo-to/Book2022_TM

第1章

「Teachable Machine」とは

　最初に①「Teachable Machine（ティーチャブルマシン）の概要」、②「Teachable Machine で扱える３種類の仕組み」、③「プログラミングと組み合わせて活用する方法」──を、それぞれ大まかに説明していきます。

　「仕組み」「使い方」や「活用方法」の詳しい話は、後の章でも説明していくので、ここではざっと見ていく感じで問題ありません。

　細かな部分よりも、全体の流れをつかんでいただければ、と思います。

1-1　　　「Teachable Machine」の概要

　ここでは「Teachable Machine で何ができるのか」を具体的にイメージしてもらえるように、事例を見ながら説明をしていきます。

＊

　ここで取り扱う事例は「Teachable Machine」の公式サイト上で掲載されているチュートリアルです。

　「Teachable Machine」に初めて触れる方も、まずは「どんなことに使えるのか」をイメージしていただければと思っています。

■「Teachable Machine」でできること

　この本で扱う「Teachable Machine」は、検索エンジンなどを提供する会社である「Google」がインターネット上に用意している「機械学習」のための仕組みです。

　この仕組みを使うと、「画像」や「音」を、「見分ける」「聞き分ける」仕組みを作ることができます。

＊

もう少し、その部分を詳しく見ていきましょう。

まずは**図1-1**の「Teachable Machine」のWebサイトを見てみます。

Teachable Machine
https://teachablemachine.withgoogle.com/

この**図1-1**は、「Teachable Machine」のWebサイトの、いちばん上に表示される部分です。

図で示した部分の右側では、アニメーション付きの画像が表示されています。

図1-1 「Teachable Machine」のWebサイト

このアニメーションで表示される内容を見ると、何種類かの内容が代わる代わる出てきます。

たとえば、その中の1つ目のものは、**図1-2**に示した画像が表示されます。

図1-2 デモとして表示される事例

　図1-2の左右の画像を比べてみましょう。

　画像の右下に注目してみると、それぞれ2つの棒状のものが並んだ部分で表示が違っていたり、また画面全体を見ると、「犬のぬいぐるみが大きく映っている」か、「人が映っているか」という違いがあるのも分かります。

　これは「カメラに映っているのが『人』か『犬のぬいぐるみ』かを見分け、その結果を画面右下に表示している」というものです。

　2つある棒状の表示の横にある「テキスト」を見ると、「Me」とだけ書かれたものと、「Dog」という文字が混じったものがあり、それぞれ、「自分が映っている」か「犬のぬいぐるみも映っている」ものか、どちらと判断したかを示したものになります。

＊

　さらに、図1-2以外の例も代わる代わる出てきます。

　それらは、以下のような「Teachable Machine」を使って作られた仕組みの例を示しています。

・カメラに映っているのが「人」か「犬のぬいぐるみ」かを見分ける

・「楽器を演奏している音」を聞き分ける

・「人のポーズ」を見分ける

・「2種類の異なる音」を聞き分ける

・「異なるお菓子」を見分けて「2つの容器」に振り分ける

　「お菓子を振り分けている事例」(図1-3) のように、パソコンとは別に用意された「モータ」などを、パソコンと「Teachable Machine」を使った仕組みによって動かすというものもあり、興味深い例が示されています。

図1-3 「物を動かす仕組み」と連動させたもの

＊

さて、ここで表示されているような仕組みを、どうやって作るのでしょうか。
その元になる部分は、「Teachable Machine」を使って作ります。

皆さんがPCでインターネット上のページを見るときに使う「ブラウザ」だけ
あれば、「Teachable Machine」は使用可能です。
つまり、何か特別な「Teachable Machine用のアプリ」などを準備する必要も
なく、簡単に使いはじめることができます。
これは大きな特長の一つです。

＊

ここまでの説明の中に「機械学習」という言葉が登場しました。
すでに「機械学習」が何であるかの概要をご存じという方もいれば、皆さんも
生活の中で触れるニュースなどの情報で「ディープラーニング」「AI」といったキー
ワードと一緒に見聞きしたことがある程度という方もいるかもしれません。

「機械学習」(その他、ディープラーニング・AI) が何かが気になる方もいる
かもしれませんが、それについての説明はひとまず横に置いておいて、先に
「Teachable Machine」に関する話を、もう少し続けます。

もし、「説明はもういいから早く試してみたい」という場合は、1章のこの後
の部分は飛ばしてしまって、2章からご覧ください。

■「Teachable Machine」を使った公式の具体例

それでは、「Teachable Machine」に関する公式ページの説明を、もう少し見ていきます。

「Teachable Machine」のWebサイトを見ていくと、少し下に進んだところに、図1-4に示した「画像・音声・ポーズ」という3つの項目が書かれた部分があります。

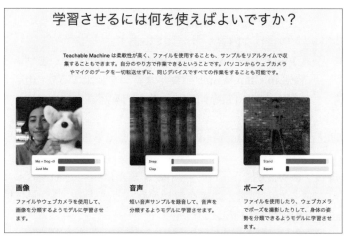

図1-4 「Teachable Machine」で扱える3種類のデータ

*

画像付きでここに示されている以下の3つは、「Teachable Machine」で扱えるデータの種類を示しています。

(1)画像
(2)音声
(3)ポーズ

まだ、この情報だけだとイメージが湧きづらいかもしれません。

これら「Teachable Machine」で扱える3つのデータを利用する話について、Webサイトに掲載されている事例を見ていくことにします。

*

先ほど見ていた部分から下へ進むと、「チュートリアル」という部分があります(図1-5)。

チュートリアル

画像: Bananameter

バナナが熟しているかどうかを判断できるモデルを作成する方法について説明します。

音声: Snap Clap Whistle

簡単な音声を検出するモデルを作成する方法について説明します。

ポーズ: Head Tilt

頭を傾けている方向を認識するモデルを作成する方法について説明します。

図1-5　3種類のデータを扱う「チュートリアル」

そこには、以下のような内容が書かれています。

(1)**画像**	Bananameter（バナナが熟しているかどうかを判断するもの）	
(2)**音声:**	Snap Clap Whistle（簡単な音声を検出するもの）	
(3)**ポーズ**	Head Tilt（頭を傾けている方向を認識するもの）	

　これらは、「Teachable Machine」を使って作成できる仕組みの例になっています。

　ここに書いてある説明を見ると、「画像」、または「音」を対象として、「人が行なうような何らかの判断・認識を機械が行なうもの」という具体的な話が、少し見えてくるのではないでしょうか。

　それでは、この3つの例の中で、機械がどのような内容を判断・認識する仕組みになっているのか、もう少し見ていくことにします。

●「画像プロジェクト」の例

　1つ目の例は、説明で書かれているように「バナナが写った画像を対象にしてバナナが熟しているかどうか、画像の見た目から判断するもの」です。

　バナナの出荷をする際や、店などで購入する際、購入後の食べ頃を判断する際などに、人が行なっていそうな内容です。

　この「画像: Bananameter」を選んで、さらに中を見ていくことにしましょう。

＊

　なお、この後に出てくるチュートリアルのページは英語で書かれていますが、英語の説明を細かく読まなくても問題ありません。

　見た目から動きや様子が分かるアニメーション付きの図がページでいくつも

示されているので、英語の説明は読み飛ばして画像を見ていき、雰囲気をつかんでみてください。

> ※「Teachable Machine」の使い方の詳細は、後の章で説明していくので、今の時点では使い方の詳細がどうなっているかは気にしなくても大丈夫です。

＊

中の説明を見ていくと、バナナの熟し具合を「Too Early（まだ熟していない）」「Ripe（熟してちょうど良い）」「Too Late（熟しすぎている）」の3パターンで判断するものであることが示されています。

> ※「Teachable Machine」のトップページの説明は日本語で書かれていますが、チュートリアルは日本語化されていないため（本書執筆時点）、この後の説明では一部、ページに書いてある英語とその日本語訳になるものを併記しつつ、説明を書いています

そして、実際にカメラにバナナが映されて、熟し具合がどのように判断されるかという様子が、Webサイト上で示されています。

＊

ページの5つ目の画像で図1-6のような内容が表示されるので、それを見てみましょう。

図1-6　バナナの熟し具合を判断する仕組みの例

ここでは、カメラでバナナが映されている様子を表示する部分（カメラの画像が出ている部分）と、その下にある、バナナの熟し具合を機械が判断した結

果を示す部分（下の方の、色付きの棒状の表示が見えている部分）が表示されています。

図1-6はページの画面をキャプチャした静止画ですが、Webサイト上でこの部分を見ると、アニメーション付きの画像で示されており、いくつかの異なる見た目のバナナが入れ替えられ、カメラに映されている様子が表示されます。

そして、バナナが入れ替えられた際には、その下の色付きの棒状の部分の表示が変わっている様子を見ることができます。

＊

バナナの熟し具合には、3種類あると書きましたが、この図1-6の下の方を見てみると色付きの棒状の部分は4つあります。

このいちばん下は、そもそもバナナが写っていないことを示す「No Banana」（バナナが映っていない）という分類です。

このチュートリアルの例では、機械による判断結果として、4種類の判断結果のうちのいずれか1つが結果として表示されます。

●「音声プロジェクト」の例

次にチュートリアルの2つ目を見てみます。

こちらは簡単な音声を検出するものと説明されていますが、具体的に中身を見ていくと、区別できる音の種類として「Snap（指を鳴らす動作）」と「Clap（拍手）」「Whistle（口笛）」の3種類があることが分かります。

このチュートリアルも英語で書かれていますが、先ほどと同じく、英語のテキストの部分はあまり気にせず見ていくことにしましょう。

＊

図1-7に、このチュートリアルで示されている画像の例の一部を示します。

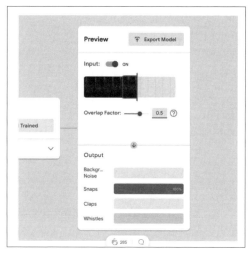

図1-7　音の区別をする仕組みの例

　先ほどの「画像プロジェクト」のチュートリアルのときとは異なり、**図1-7**の上のほうの部分は、暗い背景に“ぼやっ”と青色っぽい模様のようなものが描かれているものになっています（先ほどの例では、カメラに映った映像が出ていた部分です）。

　これは、マイクに入力された音を示しているのですが、その「音の違い」を見た目で分かるように可視化したものです。

　実際に試してみると、マイクに入力される音の大きさや種類の違いによって、ここで表示される模様の見た目が変わるのが体験できます。

＊

　図1-6の「画像プロジェクト」の例では、カメラにバナナが映った様子と、そのバナナの熟し具合を判断した結果が表示されていましたが、この**図1-7**では、マイクでリアルタイムに入力された音の特徴を示す情報と、その音に対して、「指を鳴らす動作の音・拍手の音・口笛の音（それと、それらの音が鳴っていない状態）」の、どれであるかを判断した結果が表示されている形です。

　人が耳で聞いた音が何かを判断するように、機械が音の種類（あらかじめ決められていた3つの種類のもの）を判断している例になります。

●「ポーズプロジェクト」の例

次に、チュートリアルの最後となる3つ目を見ていきます。

＊

3つ目は、「頭の傾きを認識するもの」と説明されています。

さらに見ていくと、人の頭が映っている画像を対象にして、「No Tilt（頭を傾けていない）」「Left Tilt（頭を左に傾けている）」「Right Tilt（頭を右に傾けている）」という、3つを区別するものであることが示されています。

1つ目の「画像プロジェクト」のチュートリアルとは、入力されるデータが画像である点で同じです。

しかし、「ポーズプロジェクト」の場合は、人の顔の特定の箇所（目・耳・鼻など）や体の一部（両肩を結ぶ線上や胴体の上）が、どのあたりの位置に映っているかを認識している点が異なります。

＊

図1-8 (a) (b)にWebサイト上で示された例を示します。

この中のカメラに映った人が表示されている部分を見ると、体の上に点や線が描かれているのが分かります。

これは画像に映った人の体の特定の場所の位置を認識し、その認識結果を見た目に分かりやすいように重ねて表示したものです。

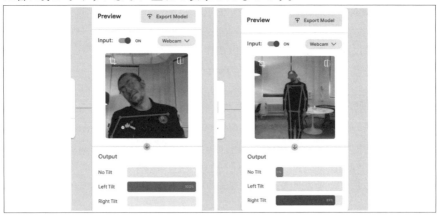

図1-8　頭の傾きを認識する仕組みの例
(a) 上半身の映像　(b) 全身の映像

　図1-8はWebサイトの画面をキャプチャした静止画ですが、Webサイト上の実際の画像を見ると、アニメーション付きの画像になっているため、人の動きに合わせてこれらの点や線が動いている様子を確認できます。

＊

　これを見て、先ほどバナナを使った例が出てきた「画像プロジェクト」でも、人が異なる姿勢で映っている（見た目が違う）画像を見分けることができるのではないか、と思った方もいるかもしれません。

　「画像プロジェクト」でも、人の姿勢の違いを扱って似たような仕組みは作れます。

　しかし、図1-8で示した例のように明確に人の姿勢に関する内容のみを扱うのであれば、それに特化したこの「ポーズプロジェクト」を使うのがいいです。
　ややこしくなるため詳細は割愛しますが、「ポーズプロジェクト」がカメラの画像から人の姿勢の情報を取り出し、その取り出した姿勢情報を扱うという部分の差があるためです。

　ただし、「画像プロジェクト」と比べて、この「人の姿勢情報を取り出す処理」が余分に増えて、処理量は増えます。

＊

　ここまでで、「Teachable Machine」の公式チュートリアルの3つの事例を見てきました。

　このように、「Teachable Machine」を用いることで画像や音を対象にして、機械が何らかの判断を自動で行なう仕組みを作成できます。

　ここでどんな判断を行なうかを決める部分（「画像プロジェクト」のチュートリアルの例で言うと、「バナナの熟し具合を見分ける」という内容を決める部分と、「熟し具合の判断を何パターンに分けるのか」などを決める部分）は、利用者が自分で仕組みを決める部分になります。

　この部分を、今まで見てきた例で出てきた「バナナ・3種類の音・頭の傾き」以外の内容にすることで、自身が作りたい仕組みを作ることができます。

※自分でこの部分の仕組みを作って利用する流れは、「2章以降」で詳細を見ていきます。

「Teachable Machine」を活用した他の事例（公式のもの）

　ここまでで見てきた以外にも、公式が掲載している「Teachable Machine」を使った事例があります。

図1-9　公式で掲載されている事例

　これらも、各内容を選ぶと英語の説明のページになってしまうのですが、「Tiny Sorter」のような電子工作用のデバイスを連動させたものの外観を具体的に画像で見られたり（図1-10など）、説明は読み飛ばして画像だけ見てみるだけでも興味深い事例があるので、よかったら、これらもいくつか見てみてください。

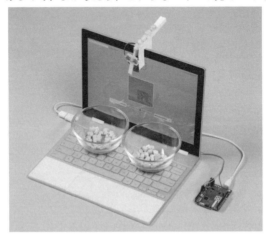

図1-10　「Tiny Sorter」を構成するデバイスの外観

■「Teachable Machine」と機械学習、ディープラーニング

ここまでの説明の中で「機械学習」という言葉が出てきていますが、「そもそも機械学習とは何か？」という話を少し補足しておきます。

そして、その後の話にも関わる「ディープラーニング」にも少し触れておきます。

> ※これらの説明は、厳密さよりも大まかなイメージをつかめる説明をしているので、厳密な内容を知りたい方は、機械学習に関する専門書など、より詳しい情報が正確に書かれたものをご参照ください。

*

「機械学習」に関する説明では、「機械が大量のデータを使い、そのデータの規則性を見つけることで、その規則性を使った判断をできるようにする仕組み」と言われたりします。

ここで書かれた「データ」や「規則性」という話は、すぐにイメージしにくいかもしれないので、実際に世の中で機械学習が利用されている具体例を用いて補足します。

*

その具体例に進む前に、もう1つ用語の話が出てきます。

この本で出てくる例（Teachable Machine）で扱える仕組みは、機械学習の種類の中の1つである「**教師あり学習**」と呼ばれるものです。

この後で「機械学習」という言葉が出てきますが、この本では特に断りを入れない限りは「教師あり学習」を示したものになります。

とりあえずは、「機械学習でできることの中の、ある1つを扱っているものなのだな」というくらいに捉えておいてください。

Column 機械学習の「教師なし学習」

「Teachable Machine」で扱う機械学習は、「教師あり学習」であると書きました。
　これを見て、「『教師あり』があるということは『教師なし』もあるのだろうか?」と思った方もいるかもしれません。
　その答はイエスで、「**教師なし学習**」もあります。

　「教師あり」と「教師なし」の違いについてですが、「教師あり学習」は機械学習の推論で得るべき結果が示されているもので、「教師なし学習」はそれがないものになります。
　これについて、もう少し説明をします。

*

　「教師あり学習」の具体例を、「Teachable Machine」のチュートリアルで考えてみましょう。
　「バナナの熟し具合で分ける」という「画像プロジェクト」の例では、「バナナが熟しているかどうか」という、「見分けるべき内容」が決まっています。
　また、「熟しているかどうかは、何段階で判断するか(この例では3段階)」と、「それぞれの熟し具合に関する具体的なバナナの画像の例」が用意され、それを元に判断をする仕組みが出来上がっています。

　「推論で得たい結果」と「その例を示す情報」(この場合はバナナの画像)が示されているのが、「教師あり」と呼ばれるゆえんです。

　ちなみに、皆さんがよく目にする「機械学習」は、この「教師あり学習」が多いのではないかと思います。

*

　一方で「教師なし学習」には、代表的な例として「クラスタリング」と呼ばれるものがあります。
　大まかに言うと、たくさんのデータを似たもの同士のグループに分けるものなのですが、「教師あり学習」とは異なり、分け方や、分け方の参考になるような具体的なデータの例は示されません。

> ※「教師なし学習」の詳細な説明は割愛します。「教師なし学習」というキーワードを調べると、関連する書籍やWebサイトがたくさん出てくるので、興味がある方は、ご自身で調べてみてください。

●機械学習が利用されている実例：迷惑メールの判断の例

　PCやスマートフォンでメールを使っている方の中には、受信したメールの中で「迷惑メール」と思われるメールが自動で特定のフォルダに振り分けられたり、「迷惑メール」ではないかと疑われるものに自動的にマークが付けられたりするような仕組みを見たことがある方がいるのではないでしょうか。

　この、「迷惑メールと疑われるものを自動で判断する仕組み」は、「機械学習」が活用されている主な事例の1つです。

　メールをお使いの方は、ご自身でいろいろなメールを見ている中でも、「これは迷惑メールだ！」「自分が利用しているWebサイト・サービスからのお知らせっぽいメールだけど、何か怪しい感じがする」「これは知り合いなどから来た問題がないメールだ」といった判断をしていると思いますが、この判断を機械が自動的に行なうものです。

　もちろん、人が判断する場合もそうですが、「確実に怪しいか、まったく怪しくないものかの2つに完璧に分ける」のはとても難しいため、「もしかしたら怪しいかもしれないという示し方（怪しいものを分かりやすく見分けられるようにするが、最終的な判断は人が行うようにするやり方）」で提供されることがほとんどです。

＊

　迷惑メールの自動判断の仕組みを作る方法はいくつかありますが、その中に機械学習を用いたものがあります。

　その一例として、以下のような流れになるものがあります。

手　順　迷惑メールの自動判断の仕組みを作る流れ（機械学習を使用）

[1] いろいろな人が受信したメールのデータを用意し、機械に「学習」させるデータとする。たとえば、実際のメールのデータとそのメールが迷惑メールであるか否かを人が判断した結果の情報をセットで用いる。

[2] 学習用のデータの中で、迷惑メールとそうでないメールのそれぞれを機械が解析し、特徴や違いを見つける

[3] 新しく受信したメールに対して、過去に学習した規則性に沿ってメールのデータを機械が解析し、迷惑メールかどうかを判断する

この流れを見ると、人が判断をするときに行なわれている流れに似ている部分がありそうです。

たとえば、手順[1][2]は、人が過去に実際に迷惑メールを受信して実例を見ている＝迷惑メールとしてこのような事例があるという情報を学ぶ、といったことに似ています。

そして、[3]は、人がそのような経験や知識をもとに、初めて見たメールに対しても迷惑メールっぽいかどうか推測ができる、ということになると思います。

＊

さて、この流れを見て「迷惑メールとそうでないメールのそれぞれを機械が解析」「特徴や違いを見つける」という部分で、「メールのどの部分がどういう内容なら、迷惑メールであるとルール化するのか？」という点が難しいのでは、と思う方がいるかもしれません。

自分自身で迷惑メールかどうかを判断する場合に、そういった判断・推測ができても、その判断を行なった理由をルールとして細かく文章にしたり具体化しようとすると、意外と難しいと感じるのではないでしょうか。

実際に、この部分は人がこのルールの部分を決めようとすると、難しい部分です。

これに関わる話で、「Teachable Machine」の仕組みにも関わるキーワードである、「ディープラーニング」が出てきます。

●「ディープラーニング」について

迷惑メールの自動判断の例で、「判断するルールをどう決めるか」という話を書きましたが、迷惑メールの自動判断以外の事例でも、機械学習が使われている例では「データから規則性を見つけて、何らかの判断をできるようにする」という流れが出てきます。

＊

たとえば、「Teachable Machine」のチュートリアルの音声の例では、「指を鳴らす動作・拍手・口笛」の3つを区別する仕組みが出てきますが、これを機械に判断させるには、「それらの音がデータになったもの」（波形のデータとして処理されたりします）に対して、「その音の違いがデータ上にどのような違いとして現われるか」を判断する必要があります。

　これを人がやろうとすると、音の違いが波形データにどのように表われるかなどの知識を用いて、何らかの見分け方を決める必要が出てきます。

＊

　このような、「データから特徴を見つける」ということを適切に行なうのは難しいです。
　また、区別したいものの種類が多くなったり、区別したいものの特徴の違いをとらえるのが難しい場合など、対象とするデータの内容によってもさらに難しくなったりします。

　この、「特徴を扱う部分」は、さまざまな取り組みが行なわれてきた部分ですが、「ディープラーニング」が登場したことで変化が起こりました。
　ここで深入りするのは避けますが、「ディープラーニング」の登場以前は人が考えなければならなかった部分を、機械任せにできるようになったのがその大きな要因の1つです。

＊

　「Teachable Machine」の公式チュートリアルの例では、「ディープラーニング」のおかげで、「画像や音声の特徴のどこに着目して区別すればいいか」を人が設定する必要がありません。

　音声の例では、「指を鳴らす動作・拍手・口笛」の3つに該当する音のデータを用意し、それら3つのデータが混じらないように分けて学習用データとして使えばいいだけです。

　また、チュートリアルの1つ目のバナナの例だと「まだ熟していない・熟してちょうど良い・熟しすぎている・バナナが映っていない」のそれぞれに該当する例の画像をそれぞれ用意し、4グループに分けて学習用データとして入力してやればよく、その4種類の画像のどの部分の違いを見て判断するかは、機械が決めて仕組みを作ってくれます。

＊

　この、「データの規則性や特徴を見つける」という部分の難しさを機械が解決してくれるようになり、機械学習で行なう判断の正確さが向上したという事例も多く出てきました。
　また、人が見つけられなかったデータの細部の特徴を、機械が見つけるということもあると言われています。

Column 「転移学習」という仕組み

「ディープラーニング」の登場によって、機械学習で特徴を扱う部分を機械が決めてくれるようになりました。

これは機械学習の活用を促進する、大きな要因の1つになりましたが、機械学習を誰もが簡単に使えるようになるには障壁がありました。

それは、「ディープラーニング」に必要とされる「データ量」の問題です。

「ディープラーニング」で間違いの少ない判断をするモデルを作ろうとすると、大量のデータを集める必要があり、そのデータ集めのコストが非常に大きく、大変でした。

「ディープラーニングを使ってみたいけど、それに必要なデータを用意しきれない」という話が出てくることもあります。

そのような中、大量のデータを集められなくても対処できる方法も考え出されました。その1つが、「Teachable Machine」でも使われている仕組みである、「転移学習」です。

*

「転移学習」では、別のデータですでに学習ができている機械学習のモデルを流用し、その流用した機械学習モデルと自分が用意したデータとを用いて、自分が行いたい機械学習の学習を行ないます。

すでに存在している機械学習のモデルを流用するので、機械学習モデルをゼロから作るときよりも、本来必要とされるデータ量を削減できます。

大まかに言うと、他から流用した機械学習モデルの学習で使われていた画像を、自分が集めた画像と一緒に学習に使っているようなイメージです。

そのため、「必要なデータ」を準備するコストを下げて、ある程度の性能を出せる機械学習のモデルを作ることができます。

「なぜ、自分たちが見分けさせたいデータではないものを流用して上手くいくのか」という部分は疑問に思うかもしれませんが、その話まで踏み込んでいくと難しい話になるため、ここでは用語と概要を紹介するのみにとどめておきます。

気になる方は、ご自身で「転移学習」というキーワードで調べるといいかもしれません。

*

なお、「Teachable Machine」で使われている転移学習に関わる情報は、「Teachable Machine」の公式Webサイトの「よくある質問」の中で、「高度な質問」⇒「機械学習では実際に何が行われているのですか?」という部分を見ていくと、少し説明されており、そこで「転移学習」で使われている具体的な機械学習のモデルに関して説明されています。

(「画像モデルとポーズモデルはどちらも学習済みのモバイルネットモデル」、「音声モデル Speech Command Recognizer」に基づいて作成、という記載があります)。

■AIについて

ここまでに出てきた「機械学習」「ディープラーニング」といったキーワードとともに、よく出てくると思われるキーワードに「AI」があります。

「AIとは？」という話は、特に最近ではいろいろな解釈や説明がされている事例が多く、また「AI」という言葉が使われている説明の前後の文章、文脈、書き手の意図によっても、さまざまに異なっていると思われます。
(以前よりも「AI」の一種として説明されるものの範囲が拡がっている感じがします)

そのような背景もあり、「AI」という言葉から受ける印象が見る方によってズレそうに思われるため、この後の説明の中では「AI」という言葉はあまり積極的には用いず、本書で扱う「Teachable Machine」の公式サイトの説明でも主に用いられる「機械学習」という言葉を使って、説明していきます。

＊

ちなみに、「Teachable Machine」の公式のWebサイトでは「機械学習」という言葉が主に使われていますが、日本のGoogleが小中学生を対象に開催しており、「Teachable Machine」を使った作品も応募されているコンテストの「**キッズ AI プログラミングコンテスト**(https://campaigns.google.co.jp/kids_ai/)」では、「Teachable Machine」を使った仕組みに関して「AI」という言葉を用いて説明されていたりもします(**図1-11**)。

図1-11 「キッズ AI プログラミングコンテスト」のWebサイト

Column 「ディープラーニング」の「ブラックボックス問題」

「ディープラーニング」は機械学習で特徴を扱う部分を機械が決めてくれますが、この部分は、一般的には人間がその過程を追うことができません。

そのため機械が判断結果を出したとき、なぜその判断をしたかの根拠を示すことができず、「ブラックボックス問題」などと呼ばれています。

「ディープラーニング」が用いられる「AI」の話題で、この問題の対処として「説明可能なAI」というAIに関する取り組みもあります。

「ディープラーニング」の仕組みがもたらしたこの話題について、興味がある方はぜひ調べてみてください。

1-2 「Teachable Machine」の3つのプロジェクトの概要

ここでは、前に登場した「Teachable Machine」の公式チュートリアルで、具体的な3事例として出てきた「画像」「音声」「ポーズ」のプロジェクトに関して、それらを自分で実際に活用していく際の流れを大まかに見ていきます。

■「Teachable Machine」のプロジェクトについて

「Teachable Machine」の公式チュートリアルでも示されていた通り、「Teachable Machine」で扱うことが可能なデータは、「画像」と「音」の2種類です。

さらに画像に関しては、対象とするデータの種類は同じ「画像」でも、仕組みが少し異なっている「画像」と「ポーズ」の2種類に分かれています。

全部で3種類ある仕組み(「Teachable Machine」ではプロジェクトという呼び方をしている、**図1-12**に示したもの)について、大まかな内容を見ていくことにします。

※実際に機械学習をしていく際の細かい手順の説明は、この後の**2章**以降で扱います。

その際、3つの仕組みの呼び方は、「Teachable Machine」のWebサイト上の説明に合わせる形で、「画像プロジェクト」や「音声プロジェクト」という呼称で扱います。

図1-12 「Teachable Machine」の3つのプロジェクト(画像・音声・ポーズ)

■3つのプロジェクトを試す際の流れ

「Teachable Machine」を使った機械学習について、「Teachable Machine」の公式サイト上では以下の**図1-13**の流れで説明されています。

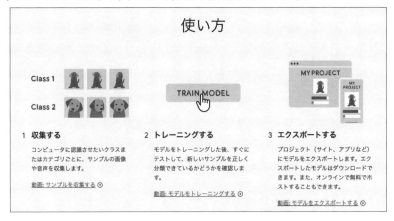

図1-13 「Teachable Machine」を使った処理の流れ

図1-13で書かれた3つのステップを抜き出してみます。

手 順	「Teachable Machine」を使う際の流れ

[1] 画像や音のデータを集める

[2] トレーニングする(学習により、機械学習モデルを作る)

[3] エクスポートする(作った機械学習モデルを出力する)

3つあるプロジェクトについて、基本の流れはすべて共通で上記のようになります。

この手順は「Teachable Machine」のサイト上での手順になっていますが、さらにその前後の準備や機械学習モデルの活用のステップも足して書いてみます。

＊

以下がステップを追加した内容になります。

手 順	「Teachable Machine」を使う際の流れ(準備や機械学習モデルの活用も含む)

[1] 見分けさせたい対象を決める

[2] 見分けさせたい対象のデータを用意して、サイト上で入力する

[3] 入力したデータから機械学習モデルを作る

[4] 作った機械学習モデルを使った推論の動作確認をする

[5] 作った機械学習モデルをエクスポートする

[6] エクスポートした機械学習モデルを使ったプログラムを作る

先ほどの手順の3ステップの中で、「データを収集する」というステップがありましたが、「Teachable Machine」を使っていく前段のステップとして、そもそも何を見分けさせたいかを決めないと、どんなデータを収集するかが不明な状況になってしまいます。

まずは、何か動物を見分けさせるとか、楽器の音の違いを聞き分けさせるとか、見分ける対象を考えるステップを[1]に書きました。

　[2]と[3]は、共通の流れで書いていた「データの収集」「トレーニング」に該当します。

　[3]で機械学習モデルを作った後、「Teachable Machine」のサイト上では、その機械学習モデルを使った推論処理の動作確認が行なえます。
　それによって、結果を見つつ、また学習の部分を調整するといったこともできます。
　この動作確認を行なうステップを[4]に書いてみました。

　動作確認後に調整する場合は、[2]に戻って入力データの一部を消したり、データを追加したりするなどして、[3]の機械学習モデルの作成を再度行なう、という流れになります。

　このようにして、納得のいく機械学習モデルができあがったら、先ほどの「共通の流れ」の最後に書いてあった「エクスポート」を行ないます。
　これは、上記手順の[5]に該当します。

　そして、この[5]でエクスポートした機械学習モデルは、「Teachable Machine」のWebサイトの外に持ち出して、自分が作ったアプリやプログラム用に使うことができます。
　これを[6]として書いています。

　本書では、そのエクスポートした後のステップについても触れていきます。

■3つのプロジェクトの補足
　ここで3つのプロジェクトについて補足しておきます。

●3つのプロジェクトで行なう処理について
　「画像プロジェクト」は、前に出てきたバナナの例にもあったように、画像を対象として2種類以上の区分け（「Teachable Machine」では「クラス」という機械学習用語で書かれています）に分けるものです。
　「機械学習」の用語では「**画像分類（Image Classification）**」と呼ばれるものです。

また、「音声プロジェクト」「ポーズプロジェクト」も、それと同様に音や人の姿勢のデータを2つ以上の「クラス（区分け）」に分類するものになります。

Column 画像分類と物体検出

「Teachable Machine」の「画像プロジェクト」は、「画像分類」を行なうものだと説明しました。

この「画像分類」は、画像を用いた機械学習の例でよく出てくるものの一つですが、それ以外によく出てくるものの例として「**物体検出**」があります。

「物体検出」は、「画面の中のどの位置に何が映っているか」を扱うものです。

画像を使った機械学習の例で、画像の中に映った物体などが四角で囲われていて（「バウンディングボックス」、という言葉で呼ばれたりします）、その四角で囲われたものが何であるかを示す文字が表示されている、といった画像を見たことがあるかもしれません。

たとえば、図1-14のような例のものです（画像は「TensorFlow」のページ https://www.tensorflow.org/hub/tutorials/object_detection?hl=ja より）。

図1-14 「TensorFlow」のページでの物体検出の画像例

物でなく人を対象としたものだと、デジタルカメラやスマホのカメラで人の顔の部分に枠が出てくるという事例がイメージしやすいかもしれません。

＊

このような、「画面の中での位置」を扱う仕組みは、「Teachable Machine」には入っていないため本書では扱いませんが、画像に関する機械学習の例では頻繁に登場する内容なので、そのような種類のものがあるというのは覚えておくといいかもしれません。

1-3 作った機械学習モデルを活用する方法

「Teachable Machine」を使う流れの説明で、機械学習モデルのエクスポートと、エクスポートした機械学習モデルを「Teachable Machine」のWebサイトの外で使うことができるという話を少し書いていました。

このエクスポートしたモデルを活用する話について、ここでは説明をします。

■エクスポートできる機械学習モデルのデータ形式など

「Teachable Machine」のWebサイト上で作った機械学習モデルをエクスポートする際、複数の異なるデータ形式を選ぶことができます。

また、特定のデータ形式の場合は、(1) データを自分の手元にダウンロードするか、(2) クラウドにアップロードされた状態にして、それをインターネット経由で読み込んで使うか、という方法を選ぶこともできます。

＊

エクスポート時のデータ形式によって、それを扱えるプログラミング言語が異なります。

たとえば、「Python」で扱うものであったり、AndroidやiOSといったスマートフォンで利用できる、「Kotlin」や「Swift」で扱うものがあったりします。

本書では、そのように複数のデータ形式がある中で、「JavaScript」のプログラムで扱える「TensorFlow.js」の形式のものを利用します。

＊

また、この形式の場合、先ほど書いた「ダウンロードする方法」か、「クラウドにアップロードする方法」かを選択できます。

手軽に試す場合は、「クラウドにアップロードする方法」が適しているため、そちらを用いていきます。

●本書で扱うプログラミング環境

本書で扱うデータ形式はJavaScript用のもので、クラウドにアップロードする方法を用いる、という話を書きました。

この方法を使う場合、「JavaScript」のプログラムで使う以外に、「ビジュアルプログラミング」で扱うこともできるようになります。

＊

複数の利用可能な環境がある中で、本書では、「Teachable Machine」で作った機械学習モデルを、以下の環境で扱っていきます。

ビジュアル・プログラミング

「Scratch」に独自の拡張が加えられた「Stretch3」
「Node-RED」

テキストによるプログラミング

「JavaScript」（公式の「JavaScript」サンプルを利用したもの、および、「p5.js」用のサンプルを利用したもの）

それでは実際に、「Teachable Machine」のサイト上で機械学習を試していきます。

第2章

はじめての「Teachable Machine」

「Teachable Machine」の「画像プロジェクト」を実際に試していきます。
　まずは、「Webカメラ」を使った機械学習モデルの作成を行ない、作ったモデルを使った「推論（画像分類）」までの一連の流れを体験してみましょう。

2-1　公式サイト上で「画像プロジェクト」の学習を行なう

　まずはブラウザ上で簡単に機械学習モデルの作成ができることを、実際に体験してみましょう。

　「Teachable Machine」を使うことで、機械学習をとても身近に感じられるようになると思います。

■最初に試す内容について

　「Teachable Machine」の「画像プロジェクト」は、「カメラに映った画像を取り込む」か、もしくは「ファイルで用意した画像を使って、機械学習モデルを作る」ことができます。

*

　ここでは、映す対象に用いる特別な道具などを用意しなくてもいいように、以下のやり方で進めることにします。

・デバイスはWebカメラをつないだ（もしくは内蔵した）PCのみを利用。
・PCのカメラに自分の手を映した画像を使って機械学習モデルを作成。
　（人差し指で上、または下を指差した画像と、指差しをしていない画像の3パターン）
・作った機械学習モデルの動作確認は「Teachable Machine」のサイト上で行なう。

■3つのクラスを準備する

今回、以下の3つの画像を「Teachable Machine」のWebサイト上で学習させます。

具体的にどんな画像を入力するかは、あとで筆者が試している様子の図も示しながら説明します。

(1) 人差し指で上を指差した画像
(2) 人差し指で下を指差した画像
(3) 指差しをしていない画像

それでは、これら3つのクラスを学習させる画面へと進んでいきましょう。

手　順	機械学習モデルの作成

[1] ブラウザで「Teachable Machine」の公式サイトにアクセスしてください。

Teachable Machine
https://teachablemachine.withgoogle.com/

図2-1のようなトップページが表示されるので、そこにある「使ってみる」と書かれた青いボタンを押します。

図2-1　「Teachable Machine」トップの「使ってみる」ボタン

[2] そうすると、図2-2のように「画像・音声・ポーズ」の3つのプロジェクトを選択する画面が表示されます。

　今回は、「画像プロジェクト」を試すので、いちばん左を選んでください。

図2-2　「Teachable Machine」の「画像プロジェクト」の選択

[3]「画像プロジェクト」の場合は、この後に図2-3のようなモデルの種類を選択する画面が出てきます。

　今回もこの後も、作るモデルは「標準の画像モデル」になるので、2つある選択肢のうち左側を選んでください。

図2-3　モデル種類の選択画面

　さて、これでようやく「Teachable Machine」の「画像プロジェクト」を試すための画面（図2-4）までたどり着きました。

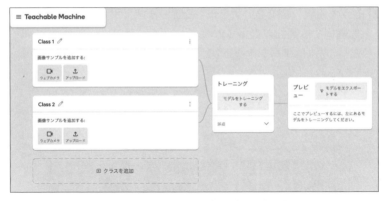

図2-4 「Teachable Machine」での学習、推論を行なうための画面

[4] それでは、今回の3種類のクラスを登録するための準備をしましょう。
　画面上には、最初に「Class 1」「Class 2」の2つのクラスが用意されていると思います。

　ここで、3つ目のクラスを足すために、画面の左下に表示された「クラスを追加」と書かれたボタンを押します。
　図2-5のように、最初に用意されている2つに加えて「Class 3」も表示されている状態になったことを確認してください。

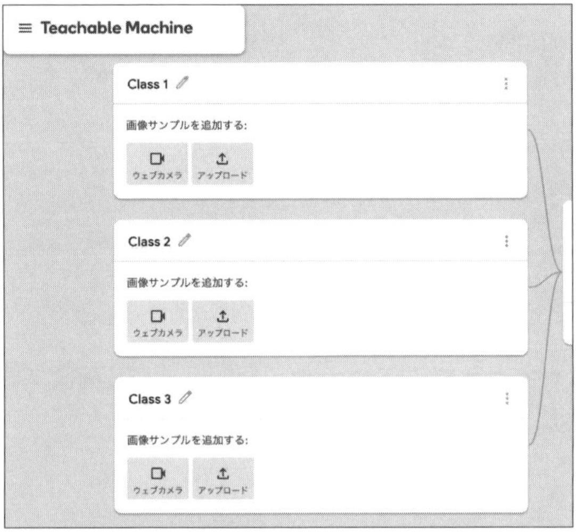

図2-5　クラスを1つ追加したあとの画面

[5] このクラスの名称は、あとで利用する際に分かりやすい名前にしておくと便利です。

　自分が分かるものであればいいのですが、ここでは「上」「下」「なし」というシンプルな名前にして進めていきます。

　各クラスの名称は、「Class 1」などと表示された名前の右にある「ペンのアイコン」(図2-6)を押すことで、書き換えられるようになります。

図2-6　クラス名を変更するためのアイコン

　「Class 1 ⇒ 上」、「Class 2 ⇒ 下」、「Class 3 ⇒ なし」というように、3つとも名称を変更してください。

　ここまで準備ができたら、いよいよ画像の登録です。

[6] 今、書き換えたクラス名の下にある「ウェブカメラ」と書かれたボタンを押してください。

　そうすると、ページ上にPCのカメラの映像が表示されると思います。

　もし、ここでPC上で選べるカメラが複数ある場合は、意図したカメラ映像が出てこないことがあります。

　その場合は、図2-7で示した「ウェブカメラを切り替える」というプルダウンメニューから、自身が利用したいカメラを選ぶことで、意図した映像を表示させられます。

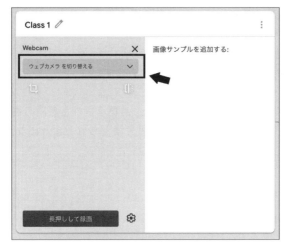

図2-7　複数のカメラが有る場合のカメラ選択

[7] 意図した映像が表示された状態になったら、映像が表示された部分の下にある「長押しして録画」というボタンで画像を登録します。

　最初のクラスは「上」という名称の、「上を指差した画像」を登録するので、図2-8のような画像が映った状態にして、録画用ボタンを押してください。

図2-8　上を指差した状態の画像

[8] そうすると、図2-8の表示が出ている右の部分（図2-9の部分）に、リアルタイムに画像が取り込まれて表示されます。

これは、ボタンを押している間にカメラに映っていた画像が取り込まれているのです。

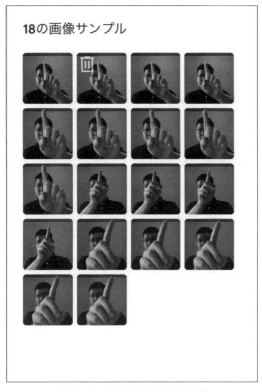

図2-9　カメラから取り込まれた画像

[9] とりあえず、20枚くらいの画像が取り込まれた状態にしてみましょう。

画像は、左手と右手のそれぞれを映したもの、手とカメラの距離が離れていたり少し近かったりするものを混ぜています。

ここで、取り込んだ画像は、1枚ずつ、または全ていっぺんに消すことができたり、保存しておくことができたりしますが、今は先に進めていきます。

[10]2つ目、3つ目のクラスへ、それぞれ画像を登録します。

1つ目のクラスに画像を登録したのと同じやり方で、「下を指差した画像」「指差していない画像」をそれぞれ登録してください（図2-10(a)(b)に例を示します）。

数は、先ほど登録したものと同じくらいで問題ありません。

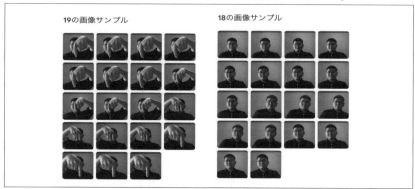

19の画像サンプル　　　　　18の画像サンプル

図2-10　(a)「下を指差した画像」(b)「指差しをしていない画像」

[11]ここまでの準備が整ったら、機械学習モデルを作成できる状態になっています。

図2-11のように、3つのクラスそれぞれに画像が登録されていて、画面真ん中の「トレーニング」と書かれた場所の下にある「モデルをトレーニングする」というボタンが青色になっているはずです（最初はグレーで表示されています）。

図2-11　3つのクラスに画像を登録し終わった状態

[12] このボタンを押してしばらく待つと、図2-12のように「タブを切り替えないでください。」と書かれたポップアップがでると思います。

そのメッセージに従って、「Teachable Machine」のページが表示されたタブを閉じたり切り替えたりせず、そのままにしておいてください。

タブを切り替えないでください。
モデルをトレーニングするには、このタブを開いたままにしてください。　　　　　　　　　次回から表示しない　　OK

図2-12　ポップアップの表示

[13] さらに待っていると、「モデルをトレーニングする」というボタンが「トレーニング済みのモデル」という文字になり、ボタンの色がグレーになります。

そうすると、画面右側の「プレビュー」と書かれた部分が、図2-13のような表示になっているはずです。

図2-13　カメラから取り込まれた画像のプレビュー

＊

これで、「Teachable Machine」を使った初めての機械学習モデルの作成が完了しました。

この後は、作った機械学習モデルを使って、「推論」を行なってみます。

2-2 「公式サイト上での推論」と「機械学習モデルのエクスポート」

ここでは、先ほど作った「画像プロジェクト」の「機械学習モデル」を使った「推論」を行なってみます。

まずは、「Teachable Machine」のサイト上で動作確認を進めてから、「Teachable Machine」のサイト以外でも機械学習モデルを利用できるよう、データの書き出し（エクスポート）を行ないます。

■作った機械学習モデルで「推論」を行なってみる

それでは、先ほどの手順の続きから進めていきます。

＊

機械学習モデルの作成が完了した状態になっていれば、画面右のプレビューと書かれた部分にカメラ映像が表示されており、そのカメラ映像の下（「出力」と書かれた部分）に「上」「下」「なし」という項目名が出ています。

図2-14 「Teachable Machine」の推論結果の表示（上向きの指差し）

こうなっていれば、すでに「Teachable Machine」の推論を試せる状態になっています。

試しに、カメラの前で上向きに指を差して、先ほどの「上」と書かれた部分の横の色付きの棒が**図2-14**のような表示になっているのを確認してみましょう。

　これは先ほど用意した画像を登録した3つのクラスのうち、「上」という名前で覚えさせた画像に近い画像が表示された、と判断されたことを示しています。
　そして、色付きの棒と数字で、その判断がどれくらい正しそうかという情報も出しています。

　難しい判断を行なう場合、ここが高い数字にならず、複数のクラスにそれぞれ数字が表示されることもありますが、今回の内容であれば90％前後や100％に近い数字が出ているはずです。

> ※もし、高い数字が出ていない場合、このあとの「精度があまり良くない場合の対応について」というコラムを読んでみてください。
> 　そこに、「画像プロジェクト」の精度に影響が出る要因などの情報を書いています。

＊

さて、続きを進めていきます。

　こんどは、カメラの前で下を指差したり、指差しをしない状態にしてみてください。
　そうすると、それに合わせてこんどは「下」「なし」と書かれた部分の右側で、先ほどの**図2-14**と同じような表示の変化（色付きの棒の部分と数字の表示の変化）があると思います。

　図2-15に指を下向きに向けた例を示します。

図2-15　「Teachable Machine」の推論結果の表示（下向きの指差し）

　　　　　　　　　　　　　＊

　たったこれだけの手順で機械学習ができ、さらに高い精度で推論が行なえたのではないでしょうか。

　手軽に機械学習を試すという観点では、「Teachable Machine」は本当に強力な仕組みだと感じる部分です。

Column　精度があまり良くない場合の対応について

　「Teachable Machine」を使って思ったとおりの結果が得られないとき、どうすれば良いのでしょうか。

　そのヒントが、「Teachable Machine」のサイトの「よくある質問」の中にある、「モデルの調整」という部分（図2-16）の「希望どおりに動作しないのはなぜですか？」という質問の回答に書かれています。

図2-16　「Teachable Machine」のよくある質問：モデルの調整

　たとえば、「カメラで映った画像を学習させる際に、背景や照明条件を変えたものも含めてみる」「マイクの音を使う場合にマイクと音源の距離を変えてみる」「人が映っている画像を使う場合、映っている位置を変える（「左寄り」「中央」「右寄り」「アップで映る」「離れて映る」など）」といった内容が書かれています。

　このような、データのバリエーションを増やす場合、意図した内容とあまりにもかけ離れたデータを足すと、推論結果が悪くなる場合もあります。
　一概に「こうすると良い」と言えない部分なので、ぜひご自身で機械学習モデルの調整を試してみてください。

　また、「希望どおりに動作しないのはなぜですか？」中の「サンプルで混乱させる」に書かれているような、「コンピュータをわざと混乱させてみる」という内容を試してみると、学習させたデータと推論結果との関係がどうなるかの理解につながるかもしれません。

■作った機械学習モデルを書き出す（モデルのエクスポート）

作った機械学習モデルの動作結果を確認できたところで、「Teachable Machine」のサイト以外でもこの機械学習モデルを利用できるようにします。

「エクスポート」という、モデルの書き出し操作を行なうのですが、エクスポートできるデータ形式・手順はいくつか種類があります。

たとえば、データを保持する方法に関しては、クラウドに保存するやり方とファイルとしてダウンロードするやり方があります（さらに、ファイルでダウンロードするやり方の場合、ファイル形式が複数選べます）。
本書ではクラウドに保存するやり方で進めていきます。

手 順	機械学習モデルを「エクスポート」する

[1] 先ほどの推論結果が表示されていた、「プレビュー」画面の右側に「モデルをエクスポートする」というボタンがあるので、それを押してください（図2-17）。

図2-17　モデルをエクスポートするボタン

[2] そうすると「モデルをエクスポートしてプロジェクトで使用する。」と書かれたウィンドウが表示されます（図2-18）。
　デフォルトの状態のまま変更などはせず、「モデルをアップロード」と書かれたボタンを押しましょう。

図2-18　モデルをアップロードするボタン

[3] しばらく待つと、図2-19のように画面内の「共有可能なリンク」と書かれた直下のURLが青背景になり、URLの後ろのほうの内容が少し書き換わったものに変化します。

　これが、「Teachable Machine」以外のサイト上で機械学習モデルを使うために必要な情報なので、このURLはメモするなどして残しておいてください。

図2-19　モデルを利用するためのURL

　ちなみに、ここでメモしたURLにアクセスすると、作った機械学習モデルの「推論」を試すページを開くことができます。
　なお、ここで行なったエクスポートは「TensorFlow.js形式でのエクスポート」で、クラウドに保存するやり方のものです。

＊

　図2-20の下のほうを見ると、「JavaScript」「p5.js」と書かれたタブと、プログラムが表示された部分があります。

図2-20 「p5.js」のサンプルを表示した状態

　ここに表示されているプログラムは、この後に使う公式サンプルなのですが、あとでサンプルにアクセスするためのURLを示すので、ここではサンプルが表示されている部分があるということだけ見ておいてください。

＊

　この後は、「Teachable Machine」のサイト以外で、このURLを使った推論を実行してみます。

Column 「Teachable Machine」の「エクスポート」の種類とサンプルプログラム

　今回、「エクスポート」は「TensorFlow.js形式」で「クラウドに保存するやり方」を選びました。
　このやり方を含め、「画像プロジェクト」における機械学習モデルの「エクスポート」では、以下が選択可能です。

TensorFlow.js形式
・クラウドへのアップロード
・ファイルのダウンロード
TensorFlow形式
・ファイルのダウンロード(2種類の異なる形式を選択)
TensorFlow Lite形式
・ファイルのダウンロード(2種類の異なる形式を選択)

　また、これらの「エクスポート」のやり方ごとに、エクスポートした機械学習モデルを扱うための公式サンプルが準備されています。
　「画像プロジェクト」に関しては、具体的には以下があります。

TensorFlow.js形式
・JavaScript
・p5.js
TensorFlow形式
・Keras
TensorFlow Lite形式
・Android
・Coral

　本書では取り扱わないものが多くありますが、これらにご興味のある方は、公式のサンプルなど見るなどしてみてください。

2-3　「p5.js」を使った公式サンプルを試す

「Teachable Machine」で作った機械学習モデルを、「Teachable Machine」の
サイト以外で動かす場合に利用可能な、「Teachable Machine」公式のサンプル
プログラムが用意されています。

　ここでは、「JavaScript」のライブラリ「p5.js」を利用したサンプルを使って、
自作のモデルを使った「推論」を試します。

■機械学習モデルを使うクラウド環境について

　先ほど、エクスポートした機械学習モデルは「Teachable Machine」のサイト
以外でも利用できると書きました。

　それを簡単に試す方法の1つに、クラウド上の環境を利用するやり方があり
ます。
　このやり方は、プログラムの作成・実行をする環境を自分で準備する必要が
なく、ブラウザで特定のサイトにアクセスするだけでお試しを進めていけます。

　具体的には「p5.js Web Editor」(https://editor.p5js.org/)というサイトを利
用するのですが、先へ進む前に「p5.js Web Editor」とそれに関連する
JavaScriptライブラリの「p5.js」について、少し補足しておきます。

●「p5.js Web Editor」について

　「p5.js Web Editor」は、ブラウザ上で「JavaScript」のプログラムを書くこと
ができ、なおかつ作ったプログラムの実行もできます。
　そして、「JavaScript」のライブラリである「p5.js」がデフォルトで利用でき
る状態になっています。

　「p5.js」の説明はこの後で書くので、ここでは「p5.js Web Editor」の説明を進
めていきます。
＊
図2-21に「p5.js Web Editor」の画面を示します。
　この画面の左側が「プログラムを書く部分」で、右側が書いたプログラムの実

行結果が表示される部分です。

図2-21 「p5.js Web Editor」のサイト

プログラムを書く部分は、デフォルトで「sketch.js」というファイルの中身が表示されており、自分で何も書いていない状態でも**リスト2-1**のようなプログラムが書かれた状態になっています。

リスト2-1 「p5.js Web Editor」のデフォルトのプログラム(JavaScript)

```javascript
function setup() {
  createCanvas(400, 400);
}

function draw() {
  background(220);
}
```

まだこの時点では、あまり詳細は気にしなくても大丈夫です。

ここで書かれている内容については、以下の内容を把握しておけば問題ありません。

・「setup()」は最初に1回だけ行なう処理を集めたもの
・「draw()」の部分は処理を繰り返し行なうものを集めたもの
・「p5.js」で文字や絵を描画する部分を、「createCanva()」で用意している(これが「p5.js Web Editor」の画面右側の描画領域に作られる)

このプログラムの書き方は、少し名前が出てきていた「p5.js」に関するものなのですが、ここで「p5.js」についても少し補足します。

●JavaScriptライブラリの「p5.js」について

「p5.js Web Editor」で最初から用意されているプログラムは、「p5.js」に関するものだと説明しましたが、その「p5.js」はどういったものでしょうか。

「p5.js」はアート系の開発でよく用いられる「Processing」というプログラミング言語・環境を、JavaScriptで扱えるようにしたものです。

「Processing」についての詳細はここでは割愛しますが、Processing公式のサイトで「Learn」⇒「Examples」とたどって出てくるページ (https://processing.org/examples) を見ると、どのような方向性で活用されているものかイメージを掴めるかもしれません。

そこでは、図2-22に示したような、「Processing」を使って描かれたアート系の作品の元になるような、さまざまな画像を見ることができます。

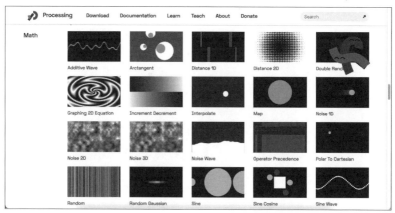

図2-22 「Processing」の公式サイトに掲載されている描画サンプル

「p5.js」もそのアート系の流れの作品を作る際に、よく利用されています。
Twitterでハッシュタグ「#p5js」で検索すると、世界中のさまざまな方が「p5.js」を使って描いた画像やアニメーションを見ることができます。

先ほど、**リスト2-1**に掲載していた「p5.js Web Editor」上に出てきていたプログラムも、**リスト2-2**のプログラムのように少し書き換えると、図形の描画を簡単に行なうことができます。

リスト2-2 「p5.js Web Editor」で円・矩形を描画するプログラム

```
function setup() {
  createCanvas(400, 400);
}

function draw() {
  background(220);

  circle(100, 150, 100);
  rect(200, 200, 150);
}
```

ここで追加した「circle()」「rect()」は、「p5.js」でそれぞれ「円」や「矩形」といった図形を描画するためのもので、3つの数字は「図形を描画する x 座標と y 座標、図形を描画する大きさ」を示しています。

このような、簡単な処理を追加してプログラムを実行すると、**図2-23**のように図形の描画を簡単に行なうことができます。

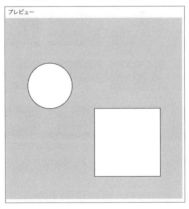

図2-23 「p5.js」を使った簡単な描画

さらに、時間経過で動くアニメーションのようなプログラムや、色をつけた描画、マウス操作に反応するものを作ることもできます。

これも**リスト2-3**にサンプルを掲載するので、もし良ければ試しに「p5.js Web Editor」上で実行してみてください。

リスト2-3 「p5.js Web Editor」で色・動きやマウス操作連動を扱う

```
function setup() {
  createCanvas(400, 400);
}

function draw() {
  background(220);

  fill(100, 200, 200);
  circle(100 + (frameCount % 200), 150, 100);
  fill(100, 150, 200);
  rect(mouseX, mouseY, 50);
}
```

リスト2-2と比べて追加した内容は少ないですが、このプログラムを実行すると円が横方向に動いたり、矩形の描画位置がマウスカーソルに合わせて移動する様子を見られるはずです。

もちろん、プログラムを複雑なものにすれば、より複雑な描画を行なうこともできます。

＊

図2-24に示した「p5.js」のリファレンスのページ（https://p5js.org/reference/）を見ると、「p5.js」の機能を使ったさまざまなサンプルが動く様子をブラウザ上で確認できるので、もし良かったらこちらも見てみてください。

「p5.js」の便利な機能を、いろいろと確認できると思います。

日本語の説明はないのですが、いろいろな項目を選んでみて、その先で見られる「p5.js」で描画されたサンプルを見ていくと、雰囲気を掴めると思います。

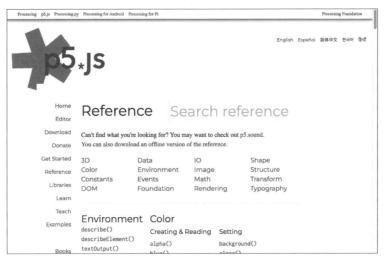

図2-24　「p5.js」を使ったサンプルが掲載されているページ

　上で示した例は2Dの描画でしたが、この中の「3D Primitives」や「3D」といった項目を見てみると、**図2-25**に示したような立体的な描画も扱うものも見れます。

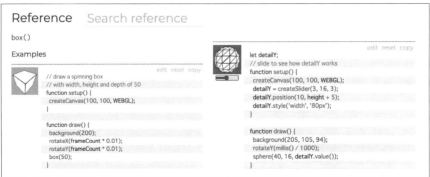

図2-25　「p5.js」による3Dの描画

＊

　なお、筆者自身が「p5.js」を使って実装したことがある処理は、たとえば以下のようなものです。

　「JavaScript」で「Canvas」や音を扱う処理を直接書くこともできるのですが、「p5.js」を使うことで、それをより簡単に扱うことができます。

・2D や 3D の図形の描画処理
・カメラを使った処理
・マウス操作を使った処理
・キーボード入力を使った処理
・画像ファイルを扱う処理
・音を扱う処理

　個人的には、「Teachable Machine」の話に関わらず、ブラウザ上で描画を扱う際の選択肢の1つとして「p5.js」はお勧めしたいライブラリの1つです。

＊

　さて、「Teachable Machine」の公式サンプルの中で「p5.js」が利用されているものがありますが、これは、「Teachable Machine」をアート系の作品に使う意図があってのことでしょうか。
　この話について、もう少し触れていきます。

●JavaScript ライブラリの「ml5.js」について

　「Teachable Machine」の公式サンプルに「p5.js」が関わってくる背景には、「ml5.js」という JavaScript ライブラリが関わってきます。
　また新しいライブラリが登場しましたが、ここでは概要だけ知っておけば問題ありません。

＊

　「ml5.js」は、図2-26の公式ページでも説明されているようにアーティストの方などにも機械学習を使ってもらえるようにと作られたライブラリです。

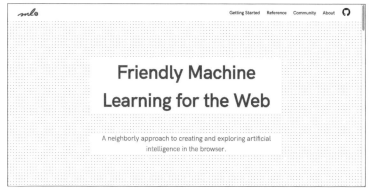

図2-26　「ml5.js」の公式サイト

先ほどの「Processing」「p5.js」の話でも利用者を拡げるという方向の話が出てきましたが、「ml5.js」も機械学習の利用者を拡げるという点で似たようなことを目指しているものです。

さて、「ml5j.s」という名前を見て「p5.jsに似ているな」、と思われたかもしれません。
実は、「ml5.js」は「p5.js」に影響を受けて作られた背景があります。

そのような流れもあって、「ml5.js」の利用に「p5.js」は必ずしも必要ではないものの、セットで利用されることもしばしばあります。
「ml5.js」公式のクイックスタートでも、最初に試すためのサンプルとして「p5.js」と一緒に利用するバージョンと、「ml5.js」単独で利用するバージョンの両方が併記される形で掲載されています。

＊

個人的には、最初は「p5.js」と併用する形をお勧めします。
今回進めていく「Teachable Machine」での機械学習は、「画像」や「音」を入力として何らかの推論結果を出力することになりますが、その「Teachable Machine」の出力結果を使って、ぱっと分かりやすい出力を得ようとした場合に、「p5.js」による描画などの処理がとても役に立つためです。

そういった背景もあり、この後の**第3章**以降で紹介するサンプルでは、「p5.js」を活用する構成になっています。

■「Teachable Machine」の「p5.js」用サンプルを使う

「p5.js」や「ml5.js」についての説明はここまでにして、「Teachable Machine」の公式サンプルを試していきます。
そのために、「Teachable Machine」の「p5.js」を使った公式サンプルのプログラムを「p5.js Web Editor」上に準備する必要がありますが、この手順は非常に簡単です。

具体的には以下の「p5.js Web Editor」上で用意されたサンプルのページを開くだけです。

Teachable Machine の p5.js 用サンプルプログラム
https://editor.p5js.org/ml5/sketches/ImageModel_TM

　正確には、このサンプルプログラムの中で機械学習モデルの URL を指定している部分を、前の手順の中の「エクスポート」を行なった際にメモした URL に書き換える必要があります。

*

　なお、このプログラムの URL は「Teachable Machine」の公式サイト上でもたどる方法があります。

　「エクスポート」を行なう画面で、「Open up the code snippet below directly in the p5.js Web Editor」というテキストが書かれた部分をクリックすると、上で書いていた URL のページを開くことができます（図2-27で示したページが表示されると思います）。

図2-27　「p5.js Web Editor」上のサンプルプログラム

　このとき、メニューなどが英語で表示されていますが、これを日本語にする場合は、画面右上で「English」と書かれている部分をクリックして、その後に表示されるプルダウンメニューから「日本語」を選んでください。

こうすると、画面上のメニューが日本語化されます。

このサンプルプログラムの**15行目**に、「let imageModelURL =」という記載
で始まる行があります(**リスト2-4**)。

リスト2-4　「Teachable Machine」の機械学習モデルのURLを指定した部分

```
// Model URL
let imageModelURL = 'https://teachablemachine.withgoogle.
com/models/bXy2kDNi/';
```

その右側に、あらかじめ用意された機械学習モデルのURL (※**リスト2-4**に
示した内容) が書かれていますが、このURLを前の手順でメモしたURLに書
き換えてください。

その後、推論を実行するために、ページの画面左上あたりにある「再生ボタ
ン(▶)」のアイコン(**図2-28**)を押してみましょう。

このとき、ブラウザ上でカメラ利用の許可を求めるダイアログが表示される
ので、許可する操作を行なってください。

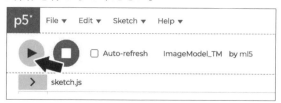

図2-28　「p5.js Web Editor」のプログラムの実行ボタン

そうすると、画面右側の「プレビュー」と書かれたエリアの下の部分に、
「Teachable Machine」という太字のテキストと、英語の説明文、そしてWeb
カメラの映像がそれぞれ表示されます。

実行してからWebカメラの映像が表示されるまでは少し時間がかかるので、
画面内に黒い矩形が表示された状態になっていたら、少し表示が変わるまで待
ちましょう。

　しばらく待つと黒い矩形が表示された部分はWebカメラの映像表示に変わります。

　その状態になったら、「Teachable Machine」のサイト上で推論を試したときのように、「上向きの指差し」「下向きの指差し」「指差しをしない」といういずれかの状態がカメラに映るようにしてみてください。

　すると、映像が表示されている下側の部分に、黒い帯と白字で「上」「下」「なし」のいずれか(「Teachable Machine」のクラス名として設定したテキストのいずれか)が、カメラ映像として映っている内容に合わせて表示されます(図2-29)。

図2-29　「p5.js Web Editor」上で「Teachable Machine」の推論を実行

　「Teachable Machine」のサイトの外である、「p5.js Web Editor」上でも、自作した機械学習モデルを利用できることを体験できました。

　なお、簡略化のために「p5.js Web Editor」上でプログラムを実行しましたが、ここで試した内容は、「p5.js Web Editor」上以外でも動かすことは可能です。

　たとえば、Webサイトを公開できるサーバ環境を用意して動かすことや、自分のPC上で動作させることも可能です。

●「p5.js Web Editor」上で作った「HTML」や「JavaScript」をダウンロードする

「p5.js Web Editor」上に用意して動作させた「JavaScript」のファイルなどを、Webサイトを公開できるサーバ環境や自分のPCなどで動作させるには、「HTML」「CSS」「JavaScript」のファイル一式をダウンロードする必要があります。

そのための手順を、ここで説明します。

手 順 「HTML」「JavaScript」をダウンロードする

[1] 図2-30に示した、「p5.js Web Editor」左上のメニューの「ファイル」中の「ダウンロード」を選択しましょう。

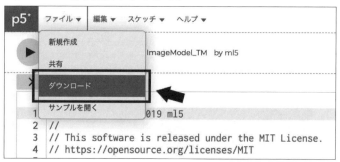

図2-30 「p5.js Web Editor」からファイル一式をダウンロードする

[2] そうすると、ZIPファイルをダウンロードできるので、ダウンロードされたZIPファイルを解凍してください。

解凍すると、「HTMLファイル」や「JavaScript」のファイル一式をまとめたフォルダが得られます。

これらのファイル一式は、先ほど「p5.js Web Editor」上で実行していた処理を行なうのに必要な「プログラム・ライブラリ」です。

「p5.js Web Editor」上で作ったプログラムを、他の環境で利用したいという場合は、この仕組みを利用するのが便利です。

■「Teachable Machine」の「p5.js用サンプル」の補足

「p5.js」を使った公式サンプルに手を加えていきます。

そのために、公式サンプルのプログラムの内容について、少し補足をしておきます。

＊

公式サンプルのプログラムのコメントを除いたものを、**リスト2-5**に示します。

この中で、「【個々に異なる文字列】」という部分は、「Teachable Machine」の機械学習モデルのURLを指定する箇所なので、自身でメモしたURLのものに置き換えてください。

リスト2-5 「p5.js」を使った画像プロジェクトの公式サンプル

```
let classifier;
let imageModelURL = 'https://teachablemachine.withgoogle.
com/models/【個々に異なる文字列】/';

let video;
let flippedVideo;
let label = "";

function preload() {
  classifier = ml5.imageClassifier(imageModelURL + 'model.
json');
}

function setup() {
  createCanvas(320, 260);
  video = createCapture(VIDEO);
  video.size(320, 240);
  video.hide();

  flippedVideo = ml5.flipImage(video)
  classifyVideo();
}

function draw() {
  background(0);
  image(flippedVideo, 0, 0);
```

```
  fill(255);
  textSize(16);
  textAlign(CENTER);
  text(label, width / 2, height - 4);
}

function classifyVideo() {
  flippedVideo = ml5.flipImage(video)
  classifier.classify(flippedVideo, gotResult);
}

function gotResult(error, results) {
  if (error) {
    console.error(error);
    return;
  }
  label = results[0].label;
  classifyVideo();
}
```

＊

まず、「p5.js」の仕組みに沿った部分を説明します。

「p5.js」は、**リスト2-1**を用いて説明したとおり「setup()」と「draw()」という
部分に処理を書いていくのが基本の形です。
　このサンプルでは「setup()」の前に「preload()」という部分もあります。
　この部分も「p5.js」の仕組みに関係する部分です。

　この「preload()」という部分は「p5.js」のプログラムで、たとえば画像ファイ
ルを読み込んで利用したい場合などに利用します。
　「setup()」の中に書いた処理を行なうより前に、あらかじめそういったデー
タの読み込みを完了させておきたい場合などに用います。

　この例だと、「機械学習モデル」のデータは、あらかじめ読み込みを完了させ
ておきたいデータにあたるため、「preload()」の部分で読み込みを行なってい
ます。
　これによって、「setup()」の中の処理を進めていく段階では、すでに機械学
習モデルのデータをクラウドから読み込み済みの状態になります。

　この「機械学習モデル」の読み込みと、プログラムで使う変数を書いた部分が、プログラムの最初の部分です。

リスト2-6　変数の準備と機械学習モデルの事前読み込み

```
let classifier;
let imageModelURL = 'https://teachablemachine.withgoogle.
com/models/【個々に異なる文字列】/';

let video;
let flippedVideo;
let label = "";

function preload() {
  classifier = ml5.imageClassifier(imageModelURL + 'model.
json');
}
```

　「setup()」の中では、主に以下の処理を行なっています。

・カメラ映像や推論の結果を表示する「p5.js」の描画領域の作成（「create Canvas()」の部分）

・「p5.js」の機能でカメラからの画像取り込みの準備（「video」という変数が書かれている2行目から4行目の部分）

・カメラから取得した画像の左右を「ml5.js」の機能で反転させる処理

・「draw()」の後に書かれている「classifyVideo()」の呼び出し

　この中の、上2つは「p5.js」の標準機能を使った処理です。
　また、3つ目は「ml5.js」の機能を使った処理になります。

リスト2-7 「setup()」の処理

```
function setup() {
  createCanvas(320, 260);
  video = createCapture(VIDEO);
  video.size(320, 240);
  video.hide();

  flippedVideo = ml5.flipImage(video)
  classifyVideo();
}
```

そして、「draw()」の中で、主に以下の処理を行なっています。

・「p5.js」の描画領域の背景の塗りつぶしとカメラ画像の表示(「background()」 と「image()」の部分)
・推論結果のテキストを表示する処理(「fill()」から「text()」までの部分)

これらはすべて、「p5.js」の機能を使った処理です。

リスト2-8 「draw()」の処理

```
function draw() {
  background(0);
  image(flippedVideo, 0, 0);

  fill(255);
  textSize(16);
  textAlign(CENTER);
  text(label, width / 2, height - 4);
}
```

あとは、「Teachable Machine」用の処理を行なう「classifyVideo()」と「gotResult()」 の2つの関数があります。それぞれ、主な処理内容は以下のとおりです。

classifyVideo()
・カメラから取得した画像の左右を「ml5.js」の機能で反転させる処理
・「ml5.js」の機能で画像分類の処理を行なう
gotResult()
・エラーが発生した場合の対応
・画像分類が行なわれた結果を示すテキストを取得
・再度、画像分類の処理を行なう

リスト2-9 「推論」を実行する部分

```javascript
function classifyVideo() {
  flippedVideo = ml5.flipImage(video)
  classifier.classify(flippedVideo, gotResult);
}

function gotResult(error, results) {
  if (error) {
    console.error(error);
    return;
  }
  label = results[0].label;
  classifyVideo();
}
```

*

このような流れで、「Teachable Machine」の「画像プロジェクト」の、機械学習モデルでの画像分類を実行しています。

2-4 「p5.js」を使った「公式サンプル」に手を加える

ここまでで、「Teachable Machine」で作った機械学習モデルを、「Teachable Machine」のサイト以外で動かすことはできました。

この後、他の環境で「画像プロジェクト」の機械学習モデルの活用を進める前に、先ほどのプログラムに独自要素を少し加えたものを作ります。

■「サンプルプログラム」に手を加えてみる

「p5.js Web Editor」上で、「Teachable Machine」公式のサンプルを試しに動かすことはできました。

ここでは、その際に使った「サンプルプログラム」の中で、「Teachable Machine」による推論結果が得られた後の処理に、少し手を加えたものを動かしてみます。

今回のサンプルで使われていた、"「p5.js」の描画に関する処理を組み合わせる"というやり方を、少し体験していただければと思います。

＊

まずは、公式サンプルに手を加えた後のプログラムを、**リスト2-10**で示します。

公式サンプルに手を加えた箇所の前には、「// 追加」というコメント行を入れています。

また、先ほどと同様に「【個々に異なる文字列】」という部分は、自身でメモしたURLに置き換えてください。

リスト2-10　丸を動かすプログラム例

```
let classifier;
let imageModelURL = "https://teachablemachine.withgoogle.
com/models/【個々に異なる文字列】/";

let video;
let flippedVideo;
let label = "";
// 追加
let circleY;

function preload() {
  classifier = ml5.imageClassifier(imageModelURL + "model.
json");
}

function setup() {
  createCanvas(320, 260);
  video = createCapture(VIDEO);
  video.size(320, 240);
  video.hide();

  flippedVideo = ml5.flipImage(video);
  classifyVideo();

  // 追加
  circleY = height / 2;
}

function draw() {
  background(0);
  image(flippedVideo, 0, 0);

  fill(255);
  textSize(16);
  textAlign(CENTER);
  text(label, width / 2, height - 4);

  // 追加：円の描画
  fill("rgba(0, 0, 255, 0.5)");
```

```
  noStroke();
  if (label === "下" && circleY < height) {
    circleY += 5;
  } else if (label === "上" && circleY > 0) {
    circleY -= 5;
  }
  circle(width / 4, circleY, 30);
}

function classifyVideo() {
  flippedVideo = ml5.flipImage(video);
  classifier.classify(flippedVideo, gotResult);
}

function gotResult(error, results) {
  if (error) {
    console.error(error);
    return;
  }
  label = results[0].label;
  classifyVideo();
}
```

ここから、プログラムの大まかな説明していきます。

●プログラムの大まかな流れ

　このプログラムの元になっている公式サンプルに関しては、処理の流れを説明しました。
　ここでは、まずはその公式サンプルの処理との違いについて説明します。

　まず、ここで追加したのは「p5.js」の機能を使った「円の描画」と、その円を「上下に移動させる処理」です。

　円の描画と移動は、以下のように行なっています。
・最初は、丸を「縦方向はちょうど真ん中、横方向は左から四分の一の位置」に描画
・「Teachable Machine」の推論結果(上/下/なし)によって以下の処理を行なう

上：円を上方向に動かす
下：円を下方向に動かす
なし：円を動かさない

　試しに、プログラムを実行して、上下方向のどちらかの指差しや、指差しをしない情報をカメラに映してみてください。

　図2-31のように円が描画され、その位置が上下に動いたり、動かなかったりするのが確認できるはずです。
　このとき、元のサンプルの機械学習モデルに関する英語の説明文が表示されていますが、あとでこの話に触れますので、今は気にしないで進めてみてください。

図2-31　「Teachable Machine」の推論結果によって円を動かす

　プログラムについて補足すると、「setup()」とそれ以前の部分では、今回の円の縦方向の位置を決める「circleY」という変数を用意し、その初期位置を縦方向の真ん中（height / 2）になるようにしています。
そして、「draw()」の中で、以下の処理を行なっています。

リスト2-11　丸を上下に動かす部分の処理

```
fill("rgba(0, 0, 255, 0.5)");
noStroke();
if (label === "下" && circleY < height) {
  circleY += 5;
} else if (label === "上" && circleY > 0) {
  circleY -= 5;
}
circle(width / 4, circleY, 30);
```

「fill()」は、「p5.js」で図形の「塗りつぶしの色」を指定する処理です。

この中で「"rgba(0, 0, 255, 0.5)"」という指定を行なっています。

これは、4つの数字が順番に「赤」「青」「緑」「透明度」を示しており、「青の半透明」になる数値を設定しています。

そのあとの「noStroke()」は、「この後に描画する円の枠線を書かない」(塗りつぶしのみで、円の周囲に線を描かない)という指定です。

その後、if文と「Teachable Machine」の推論結果を用いて、先ほど設定していた円の縦方向の位置である「circleY」の値を増やしたり減らしたりしています。

なお、このとき、画面の上や下をはみ出していかないように「circleY < height」や「circleY > 0」という位置に関する条件も追加しています。

そうやって「円の描画位置」の値が決まったら、最後の「circle()」で円を描画します。

この処理が含まれているのは「draw()」の中なので、この「Teachable Machine」の推移論結果によって生じる円の縦方向の移動が、随時実行される形になります。

＊

ここでは、「p5.js」の処理を少しだけ追加して、「Teachable Machine」によって得られた結果を、描画処理の変化と結びつけることをやってみました。

さらに処理を追加してゲームのようなものを作っても面白いかもしれません。

なお、「p5.js」などが学べるコンテンツがある「**The Coding Train**」というサイトがあり、そのサイトに関連したYouTubeチャンネルがあって、その中で

「Teachable Machine」の画像プロジェクトを使ったゲームのような作品が紹介されています（※以下のURL）。

Teachable Machine 2: Snake Game - YouTube
https://www.youtube.com/watch?v=UPgxnGC8oBU

　英語での解説ですが、英語字幕の自動翻訳による日本語字幕をつけるなどして、見てみるのも良いかもしれません。
　余談ですが、「p5.js」に興味を持たれた方は「The Coding Train」の他の動画を見てみると、面白いものが多くあって解説も丁寧なものが多いので、お勧めです。

　この後は、「p5.js」とは別の環境を使って、「Teachable Machine」の画像プロジェクトの機械学習モデルを活用してみます。

■「サンプルプログラム」の「HTML」に関する補足

　先に進む前に、「p5.js」を使ったサンプルに関する補足を、もう少し書いておきます。
　何の話かというと、「HTML」についてです。
＊
　「p5.js Web Editor」上で、デフォルトでは「sketch.js」という名前の「JavaScript」のプログラムが表示されています。
　しかし、本来は「JavaScript」のプログラムをWebサイト上で実行するためには、「HTML」のファイルが必要です。
　「p5.js Web Editor」で「JavaScript」のプログラムを作った際、それを動かす「HTML」はどうなっているのでしょうか。

　それを確認するために、**図2-32**で示したアイコンを押してみましょう。

図2-32　「p5.js Web Editor」の左側のメニューを開くボタン

そうすると、「Teachable Machine」の画像プロジェクトのサンプルの場合は、図2-33のような内容が表示されます。

これを見ると、「index.html」というファイルがあることが分かります。

図2-33　「p5.js Web Editor」のファイル：「HTML」と「JavaScript」

この「index.html」を選んだときに表示される内容を、リスト2-12に示します。

リスト2-12 「Teachable Machine」の画像プロジェクトのサンプルのHTML

```html
<html>
  <head>
    <meta charset="UTF-8" />
    <title>
      Webcam Image Classification using a pre-trained
customized model and p5.js
    </title>
    <script src="https://cdnjs.cloudflare.com/ajax/libs/
p5.js/0.9.0/p5.min.js"></script>
    <script src="https://cdnjs.cloudflare.com/ajax/libs/
p5.js/0.9.0/addons/p5.dom.min.js"></script>
    <script
      src="https://unpkg.com/ml5@latest/dist/ml5.min.js"
      type="text/javascript"
    ></script>
  </head>

  <body>
    <h1>Teachable Machine</h1>
    <p>
      This is a demonstration of image classification using
a model trained with
      Google's Teachable Machine project. If you cover the
camera, this model
      will classify the image as "nighttime," otherwise
will classify anything
      else as "daytime."
    </p>
    <script src="sketch.js"></script>
  </body>
</html>
```

＊

　プログラムの内容を説明している中で、「p5.js」と「ml5.js」がライブラリの名前として登場していましたが、「p5.js Web Editor」上では、この「index.html」の中の「scriptタグ」で読み込みがされていた形です。

　ライブラリで「p5.dom.js」というものが読み込まれていますが、これは「p5.js」の古いバージョンのときに必要だったものです。

「Teachable Machine」公式のサンプルでは古いバージョンの「p5.js(バージョン0.9.0)」が使われているため「p5.dom.js」の読み込みも行なっていますが、「p5.js Web Editor」で新規にプログラムを作る際は、この部分は不要です。

*

本書執筆時点で、「p5.js Web Editor」でのプログラムの新規作成を行なうと、**リスト2-13**のように「バージョン1.4.0」の「p5.js」が読み込まれますが、そこでは「p5.dom.js」の機能が「p5.js」にすでに内包されており、「p5.dom.js」を読み込む部分は追加されません。

リスト2-13 「p5.js Web Editor」が標準で用意する「HTML」

```
<!DOCTYPE html>
<html lang="en">
  <head>
    <script src="https://cdnjs.cloudflare.com/ajax/libs/
p5.js/1.4.0/p5.js"></script>
    <script src="https://cdnjs.cloudflare.com/ajax/libs/
p5.js/1.4.0/addons/p5.sound.min.js"></script>
    <link rel="stylesheet" type="text/css" href="style.
css">
    <meta charset="utf-8" />

  </head>
  <body>
    <main>
    </main>
    <script src="sketch.js"></script>
  </body>
</html>
```

そして、**リスト2-13**のように「p5.js Web Editor」が標準で用意する「HTML」の「bodyタグ」内はほぼ空の状態ですが、**リスト2-12**では「h1タグ」と「pタグ」があります。

これは、「Teachable Machine」公式の画像プロジェクトのサンプルを動かしたとき、カメラ画像の上に出ていた文章にあたる部分です。

ここは、「JavaScript」のプログラムの動作には関わらない、ユーザへの文字表示にのみ関わる部分であるため、消してしまって問題ありません。

とりあえず今の時点では、「p5.js Web Editor」でこのようなファイル構成を見ることができるということを頭の片隅に置いておいてください。

Column 「p5.js Web Editor」で用意される「CSS」

「Teachable Machine」の画像プロジェクトの公式サンプルでは、「HTML」と「JavaScript」のファイルのみがありました。

しかし、「p5.js Web Editor」で新規にプログラムを作ると、それに加えて「CSS」のファイルも用意されます。

内容はリスト2-14に示した非常にシンプルなものになります。

リスト2-14 「p5.js Web Editor」が標準で用意する「CSS」

```
html, body {
  margin: 0;
  padding: 0;
}
canvas {
  display: block;
}
```

とりあえず本書の内容を進める分には、「HTML」の話と同様に、頭の片隅に置いておく程度で問題ありません。

■「サンプルプログラム」を「p5.js Web Editor」以外で扱う

「p5.js」を使ったサンプルプログラムを試す際、「p5.js Web Editor」というサービスを利用しました。

これによって、今回のお試しでは主に「JavaScript」のプログラムを書き換える部分のみに注力でき、そのプログラムを実行する「HTML」などをゼロから準備する必要はありませんでした。

しかし、「p5.js Web Editor」上ではない別のサーバ上や、自分のローカルでプログラムを動かして扱いたい場合があるかもしれません。

　その場合に利用できる方法の1つとして、"ZIPファイルで関連するファイル一式をダウンロードする方法"を紹介しました。

　これ以外に別の方法もあるので、ここで紹介しておきます。

*

　「ml5.js」の公式ページで、「Getting Started」のページ (https://learn.ml5js.org/) を見ると、「Quickstart: Powered with p5.js」という項目があります。

　ここを見ていくと、「index.html」などといった形で「HTML」ファイルを準備する際に、その「ひな型」に利用できる内容が書かれています。

　この部分に書かれている「ひな型」は、「JavaScript」のプログラムの中身はほぼ空ですが、「setup()」「draw()」といった「p5.js」用のベースの処理が含まれた内容です。

　そのため、「p5.js Web Editor」で扱った内容から、この「ひな型」に書き写して利用するのは、それほど複雑な手順を踏まずに行なえるのではないかと思います。

　シンプルなものを自作して準備したいという場合は、こちらの方法が適しているかもしれません。

第**3**章

「画像プロジェクト」の「機械学習モデル」をさらに活用する

第2章では、「画像プロジェクト」の機械学習モデルを、クラウド上にアップロードして、「p5.js Web Editor」上のプログラムで利用しました。

ここでは、クラウド上にアップロードしたモデルを、別の環境で使う方法を紹介します。

3-1 独自拡張版の「Scratch」と組み合わせる

教育の分野などで耳にする、「ブロックを使ったプログラミングができる環境」として、「Scratch」があります。

この「Scratch」に独自の拡張機能を加えたものが公開されており、その中には「Teachable Machine」の機械学習モデルを扱えるように機能追加されたものがあります。

ここでは独自拡張版の「Scratch」と、「Teachable Machine」を組み合わせて使うやり方を紹介します。

■独自拡張版の「Scratch」の１つ「Stretch3」

「Teachable Machine」の機械学習モデルを扱える開発環境の１つに、「Scratch」をベースに機能追加されて公開されている、「Stretch3」(https://stretch3.github.io/)があります(図3-1)。

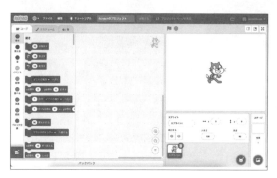

図3-1 「Stretch3」のトップページ

　これは、教育の分野などで使われている「Scratch」のソースコード(※GitHubで「オープンソース・ソフトウェア」として公開されています)に手を加えて、独自の拡張機能を扱えるようにしたものです。

　独自に拡張された機能の中には、便利なものが多くあり、機械学習の仕組みが活用されているものも複数あります。

●「Stretch3」で使える独自の拡張機能

　図3-1のトップページを見ると、一見、公式版の「Scratch」と同じように見えます。

　この画面で、画面左下にあるボタンを押して、拡張機能の画面を開いてみてください。
　そうすると、**図3-2**のような画面が表示されると思います。

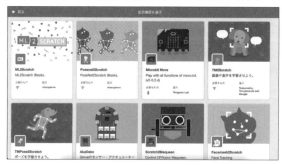

図3-2 「Stretch3」の拡張機能の画面(最上段)

公式版の「Scratch」でも拡張機能を選択する画面が同様にありますが、**図3-2**には公式版の「Scratch」にはない、独自の拡張機能が並んでいます。

公式版の「Scratch」を利用したことがある方は、拡張機能の一覧を開いたときに出てくる画面として**図3-3**の内容を見慣れているでしょう。

しかし、**図3-2**と**図3-3**を比べると、明らかに違うものが増えているのが分かります。

ちなみに、「Stretch3」の拡張機能の画面を下に進んでいくと、公式版の「Scratch」の拡張機能も並んでいます。

「Stretch3」の拡張機能は、公式版「Scratch」の拡張機能にさらに機能が足されている構成になっています。

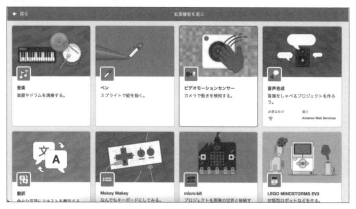

図3-3 公式版「Scratch」の拡張機能の画面(最上段)

その「Stretch3」の拡張機能の中で、**図3-4**に示した2つが「Teachable Machine」の機械学習モデルを扱える拡張機能になります。

図3-4 「Teachable Machine」の「機械学習モデル」を扱う拡張機能

図3-4の左側の「**TM2Scratch**」と書かれた拡張機能のほうで、「画像プロジェクト」と「音声プロジェクト」の機械学習モデルを扱えます。

また、図3-4の右側の「**TMPose2Scratch**」と書かれた拡張機能のほうで「ポーズプロジェクト」を扱うことができます。

＊

それでは、ここから具体的に、「Teachable Machine」の画像プロジェクトで作った機械学習モデルを使ったブロックのプログラムを、「Stretch3」で作っていきましょう。

●「Stretch3」(Scratch)を使った簡単な「ビジュアル・プログラミング」

昨今、教育分野を中心によく話題を見掛ける「Scratch」ですが、中には馴染みのない方もいるかもしれません。

そこで、まずは「Stretch3」で「Teachable Machine」を扱う前に、「Stretch3」のベースになっている「Scratch」の使い方を簡単に説明しておこうと思います。

> ※すでに、「Scratch」を使ったプログラミングをしたことがあり、基本的な使い方をご存じという方は、この部分は飛ばして次へ進んでください。
>
> ここでは公式の「Scratch」(https://scratch.mit.edu/)ではなく、「Stretch3」を使って話を進めていきますが、基本の使い方で登場する内容は公式の「Scratch」と同じです。

図3-5は「Stretch3」のトップ画面です。

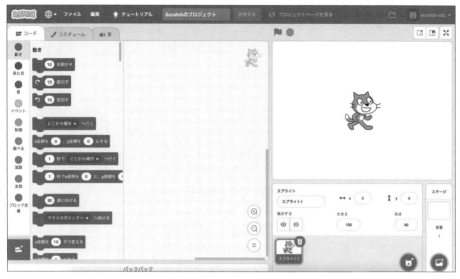

図3-5 「Stretch3」のトップ画面

画面内の主な構成は以下のようになっています。

画面上部	各種メニューが表示されている部分
画面左側	プログラムに使うブロックを選ぶ部分
画面中央あたり	プログラム用のブロックを並べる部分
画面右上	プログラムの実行結果が表示される部分（ネコが表示されている部分）
画面右下	画面に表示するキャラクタなど（「スプライト」と呼ばれます）や背景を扱う部分

画面左側には、プログラムに使うブロックが色分けされて表示されています。

誰かが作ったブロックのプログラムを見て自分が同じものを作る場合に、そこで使われているブロックがどこにあるか、この色を手掛かりにブロックを探すことができます。

＊

それでは、画面右上に表示されたネコのキャラクタを使ったプログラムを作っ

てみることにします。

この後に出てくる、「緑の旗のブロックを押して動かすやり方」と、「キー操作やその他の何らかのイベントに応じて動かすやり方」を、シンプルな内容で体験してもらえれば、と思います。

手　順	ネコのキャラクタを使ったプログラムを作る

[1] まず、左側にある「イベント」と書かれた部分を押し、(A) そのすぐ右に出てくる「[緑の旗]が押されたとき」というブロックと、(B)「[スペース]キーが押されたとき」というブロックを、ドラッグアンドドロップで図3-6のように右隣の部分に移動させてみましょう。

*

「Scratch」や「Stretch3」(以後は、「Stretch3」と書いていきます)では、この部分にブロックを並べて、プログラムを作っていきます。

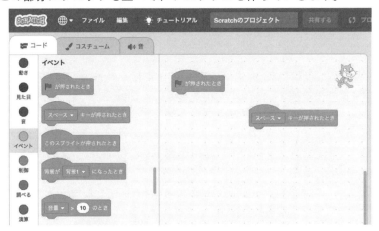

図3-6　「イベント」の中にあるブロックを移動させる

ここで出てくる「[緑の旗]が押されたとき」というブロックは、「Stretch3」でプログラムの実行、開始させるためのブロックとしてよく利用されます。

*

また、「[スペース]キーが押されたとき」というキーボード入力を扱うブロックも、ユーザーの操作で何かアクションを起こさせるプログラムを作るときなどによく利用されます。

> ※このブロックの[スペース]の部分はプルダウンメニューになっており、他のキーに変更できます。

*

[2] さて、この後に少しブロックを付け足して、何らかの動作を行なうプログラムを試すことにしましょう。

それでは、以下のようにブロックを付け足してください。

「[緑の旗]が押されたとき」ブロック
→「動き」の中にある「x座標を[0]、y座標を[0]にする」ブロックと「[10]歩動かす」ブロックと、「制御」の中にある「[10]回繰り返す」ブロックを付け足す

「[スペース]キーが押されたとき」ブロック
→「見た目」にある「[こんにちは！]と[2]秒言う」ブロックを付け足す
図3-7と同じになるようにブロックを組み合わせてみてください。

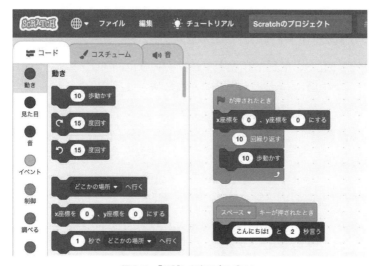

図3-7 「お試し用」のプログラム

---

*

さっそく、このプログラムを動かしてみましょう。

*

まずは[スペースキー]を押してみてください。

画面右上のネコが喋っているような見た目(**図3-8**)になったのではないでしょうか。

図3-8　スペースキーを押した場合

そして、[スペースキー]を押すごとに、「吹き出し」が2秒間表示されると思います。

これが、キー操作でプログラムを動かすやり方のごく簡単な例です。

こんどは、**図3-8**の左上に表示されている「緑の旗」のアイコンを押してみましょう。

そうすると、**図3-9**のように、ネコが右に動いたと思います。

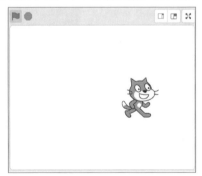

図3-9　「緑の旗」を押してプログラムを動かした場合

そして、再度、「緑の旗」のアイコンを押すと、ネコの位置が最初に表示された位置に戻ってから、また右へ動く様子を見ることができます。

*

このように、「Stretch3」で作ったプログラムは、「キー操作」や「画面上のア

イコンを押すといった操作」で動かすことができます。

　また、今回は使わなかったさまざまなブロックが用意されており、それらを使って、「アニメーションする物語」や「ゲーム」など、さまざまなものを作ることが可能です。

●「Teachable Machine」で作った「機械学習モデル」の動作確認を行なう

　それでは、(A)上で説明した「Stretch3」と、(B)「Teachable Machine」の「画像プロジェクト」で作った機械学習モデルを組み合わせて使ってみます。

＊

　まずは、「Teachable Machine」のWebサイト上や、「p5.js」を使って行なったような推論の結果を取得できるかどうか、簡単に試してみます。

＊

　それでは「Stretch3」のページを開き、**図3-4**の左側に出ていた「TM2Scratch」の拡張機能を読み込んでください。

　このとき、「Stretch3」でカメラを利用する機能を初めて利用する場合は、ブラウザがカメラ利用の許可を求める**図3-10**のようなポップアップを表示させます。
　そこに表示された「許可」ボタンを押して、カメラを利用できるようにしてください。

図3-10　「ブラウザがカメラの許可を求めるポップアップ」（Chromeでの表示例）

　すると、**図3-11**のように「TM2Scratch」のブロックが画面左側に表示されます。
　また、このとき、ネコが表示されている部分にカメラの映像が表示されます。
　このようになれば、拡張機能の読み込みは完了です。

図3-11 「TM2Scratch」の拡張機能を読み込んだ後

＊

次に、**図3-12**に示すように「画像分類モデル URL」と書かれた、URLが書かれたブロックを、画面の真ん中にあるプログラム作成部分に置いてください。

図3-12 「TM2Scratch」を使って「画像プロジェクト」の「機械学習モデル」を読み込む

さらに、前の章で作ってクラウドにアップロードした、「Teachable Machine」の機械学習モデルのURLを設定しましょう。

＊

このプログラムで使っているブロックは、ブロックを直接ダブルクリックしても処理を実行できるので、その方法を使って機械学習モデルの読み込みを行ないます。

URLを入力したブロックを、ダブルクリックしてみてください。

するとブロックの周りが黄色く光り、しばらくの間、「画面右上のカメラ映像」がフリーズしたような感じになると思います。

その後、カメラ映像が「フリーズしていない状態」に戻れば、「読み込み」は完了です。

*

それでは、作った機械学習モデルがきちんと読み込まれているか確認してみましょう。

図3-13で示した「プルダウンメニュー」をクリックし、そこに「どれか、上、下、なし」という4項目が表示されていれば、読み込みが正常に行なわれた後の状態になります。

> ※もし、読み込みが行なわれていない状態だと、たとえばデフォルトの状態の「どれか」という項目1つだけが表示されます。

図3-13　読み込んだ機械学習モデルのクラス一覧

さらに、この後の手順を進めていくときに、推論結果がどのようになっているかを分かりやすくするために、表示設定を行なっておきましょう。

図3-14で示した「チェックボックス」に、チェックを入れてください。

図3-14　変数の中身を表示する「チェックボックス」

　ここにチェックを入れると、「カメラ映像」が表示されている部分の左上に、この「画像ラベル」の変数の中身がリアルタイムに表示されるようになります。

　この操作を行なった後に、カメラの前で上下の指差しをしたり、指差しをしない状態にすると、現時点でもそれに合わせた推論結果が表示されるのが確認できるはずです。

*

　それでは、プログラム上で推論結果を取得して、その取得結果によって異なる動作をする簡単なプログラムを作って動かしてみましょう。

　具体的には、**図3-15**のプログラムです。

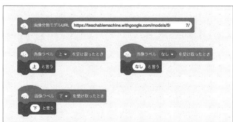

図3-15　「TM2Scratch」を使って画像プロジェクトの機械学習モデルを利用する

　「画像分類モデルURL」を指定するブロックに、さらに以下のブロックを足

しています。

＊

　この中の「画像ラベルなしを受けとったとき」のブロックについては、［なし］と書かれた部分のプルダウンメニューから、「上」「下」を選択したものも使っています。

　「こんにちは！と言う」のブロックの「こんにちは！」の部分を書き換えて、「上」「下」「なし」という内容にしています。

「TM2Scratch」の中のブロック
・画像ラベル［なし］を受けとったとき
「見た目」の中のブロック
・［こんにちは！］と言う

＊

　そして、またカメラの前で上下を指差してみたり、指差しをしない状態にしてみたり、ということを試してみてください。

　そのとき、図3-16のように、「Teachable Machine」の推論で得られた結果に連動して、ネコが喋っているような表示になっていれば、このプログラムの動作は意図通りです。

図3-16　推論の結果を表示した状態

＊

　なお、このとき、「カメラ映像が表示されている部分」の左上でも、ネコのセリフと同じ内容が図3-17のように表示されていることを確認してみてください。

図3-17 推論結果を画面上に表示させたもの

　プログラムを作っていて画面上の処理が意図通りにならないときは、まず「推論結果」で意図したものが得られているかを、この部分で確認するようにしましょう。
　そうすると、「そもそも推論結果を得る部分が意図した状態になっていない」のか、「その結果を使って処理をするプログラム側に誤りがある」のかを、判別しやすくなります。

●「Teachable Machine」の機械学習モデルを使ったプログラム

　それでは、もう少し「Stretch3」のプログラムに手を加えていきましょう。

*

　まずは、「p5.js」で作ったのと同じ動きをするものを、「Stretch3」でも作ってみます。
　推論の結果が「上」か「下」のどちらになるかによって、ネコを上下に移動させるというものです。

*

　ブロックを使って作るプログラムは、**図3-18**のようになります。

図3-18 ネコを上下に移動させるプログラム

　画像ラベルの「なし」を受けとったときの処理は含まれていませんが、その場合には「ネコを動かさない」という動きにしたいため、**図3-18**の中では特に処理用のブロックは用意していません。

*

このプログラムの中で使っているブロックは、「TM2Scratch」のもの以外では、以下のブロックがあります。

「動き」の中のブロック
・y座標
・y座標を［10］ずつ変える

「演算」の中のブロック
・［○］＜［○］
・［○］＞［○］

「制御」の中のブロック
・もし［○○］なら

＊

「推論の結果を受けとって動く」、というおおまかな流れは、先ほどと同様です。

そして、結果が「上」か「下」のどちらになったかによって、ネコを上下方向に移動させる処理を行なっています。

また、「p5.js」での実装でも行なったのと同じく、画面外にハミ出ないように、y座標の値によっては上下に動かさない条件もつけています。

図3-19　ネコを上下に移動させるプログラムを試している様子

＊

さらに、ここでネコを動かすだけでなく、「弾よけゲーム」のようにしてみましょう。

具体的なプログラムの作り方を説明していきます。

＊

まずは、ネコの敵になるボールのキャラクタを追加します。

今は、画面右下に**図3-20**のようにネコのキャラクタが表示されている部分があります。

ここに「スプライト」という言葉が出てきていますが、表示させるキャラクタなどのことを、「スプライト」と呼びます。

図3-20　ネコの「スプライト」が表示されている部分

＊

　ここに、ボールの「スプライト」を追加してみましょう。

　図3-20の右下にあるアイコンをクリックして、その後に出てくる「虫眼鏡のアイコン」を押し、**図3-21**の一覧の中から、「Ball」という名前のものを選んでください。

図3-21　「スプライト」の選択画面

　そうすると、**図3-22**のようにネコの「スプライト」の横に、ボールの「スプライト」が表示された状態になったと思います。

図3-22　ボールの「スプライト」の追加後

　ここで表示されているネコの「スプライト」とボールの「スプライト」には、それぞれ個別にプログラムを作ることができます。

　それぞれの「スプライト」を選んだ後に、画面左側に表示される部分でプログラムを作っていきましょう。

＊

　具体的には、ネコの「スプライト」のプログラムは図3-23と同じように、ボールの「スプライト」のプログラムは図3-24と同じように作ってみてください。

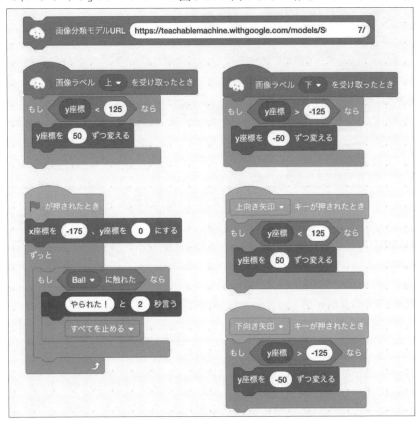

図3-23　ネコの「スプライト」のプログラム

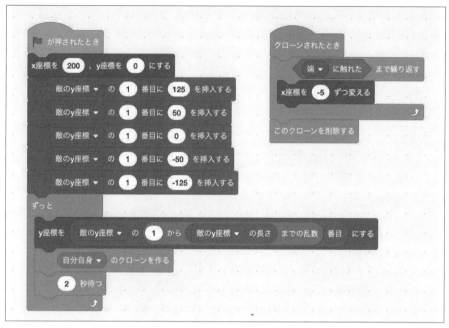

図3-24　ボールの「スプライト」のプログラム

*

　図3-18のネコを上下に動かしていたプログラムに、以下のブロックを追加します。

ネコの「スプライト」のプログラム

「動き」の中のブロック	「制御」の中のブロック
・x座標を［0］、y座標を［0］にする	・ずっと
	・［すべてを止める］

「イベント」の中のブロック	「調べる」の中のブロック
・［緑の旗］が押されたとき	・［マウスのポインター］に触れた
・［スペース］キーが押されたとき	

ボールの「スプライト」のプログラム

「動き」の中のブロック

・x座標を[0]、y座標を[0]にする
・y座標を[0]にする
・x座標を[10]ずつ変える

「調べる」の中のブロック

・[マウスのポインター]に触れた

「イベント」の中のブロック

・[緑の旗]が押されたとき

「演算」の中のブロック

・[1]から[10]までの乱数

「制御」の中のブロック

・ずっと
・[自分自身]のクローンを作る
・[1]秒待つ
・[○]まで繰り返す
・クローンされたとき
・このクローンを削除する

「変数」の中のブロック※

・[敵のy座標]の[1]番目に[なにか]を挿入する
・[敵のy座標]の[1]番目
・[敵のy座標]の長さ

※まずは「リスト作る」と書かれたボタンを押し、「新しいリスト名：」に「敵のy座標」と入力して、OKボタンを押してから以下のブロックを追加していく

*

前の手順でも行なったように、上記のブロックの中の数字などは一部変更して利用してください。

たとえば、x座標やy座標を使うブロックや、その他に「[スペース]キーが押されたとき」や「マウスのポインターに触れた」のブロックなどです。

図3-23、図3-24のプログラムの中で、「Ballに触れた」「端に触れた」というブロックは、「[マウスのポインター]に触れた」の[マウスのポインター]の部分を変更したものです。

*

これを実行すると、図3-25のような画面になるので、カメラの前で上下の指差しをしたり、指差しをしない状態にしてネコを動かしてみましょう。

そして、ネコがボールにぶつからないように上下にうまく動かしてみてください。

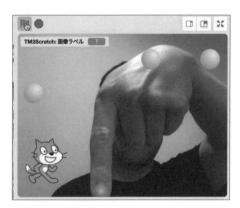

図3-25　プログラムを動かしているときの様子

ネコとボールがぶつかったら、**図3-26**のような状態になります。
また、その後は、ボールが飛んでくるのが止まります。

図3-26　ネコとボールがぶつかったときの状態

*

「Stretch3」では、この「ネコとボールの衝突を判定するプログラム」を簡単に
扱うことができます。

そのため、このようなゲームのような動きを、少ないブロックで実現できます。

*

このゲームに、さらに以下のような処理を追加したり、自分で考えた仕組み
を追加しても面白いかもしれません。

- 背景を設定する
- ゲーム中の背景・ゲームオーバー時など複数の背景を設定して、それをゲームの動きに合わせて切り替える
- ゲーム中にBGMを鳴らす
- ネコ、ボールのキャラクタを別の見た目にする

*

　もちろん、前のページで出てきた「p5.js」でも、このようなプログラムを作れますが、「Stretch3」を使ったほうが、より簡単に仕組みを作ることができる場合があります。

　なお、「Stretch3」のようなビジュアルでのプログラミングは、テキストでのプログラミングに比べて、作成に手間がかかる処理もあります。

　たとえば、データをリストのようにして大量に保持して扱うものや、2次元・3次元の配列などのデータ構造を扱うものは、「Stretch3」を使うと手間がかかる場合があります。

　この部分については、実際に試してみて、自分がより使いやすい・試しやすいと思うものを使ってみてください。

●作ったプログラムの「保存」と「読み込み」

　「Stretch3」で自分が作ったプログラムを保存したり、保存したプログラムを読み込んだりする方法を補足します。

　本書に掲載したプログラムは、「サンプルファイル」を用意しているのですが、そのサンプルを読み込む際も、こちらを利用します。

*

　「保存」「読み込み」の操作は、**図3-27**に示した画面左上のメニューから行ないます。

手 順 作ったプログラムの「保存」「読み込み」

[1] 画面左上のロゴなどが書かれている部分に「ファイル」という項目があるので、これをクリックしましょう。

[2] そうすると、その後に開くメニューの中で「コンピュータから読み込む」「コンピュータに保存する」という項目があります。

それぞれが、プログラムの「読み込み」「保存」を行なうための項目です。

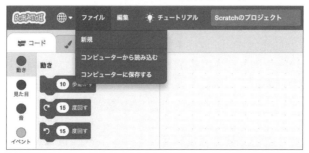

図3-27 「Stretch3」でのプログラムの「保存」「読み込み」の操作メニュー

「Stretch3」のプログラムを保存すると、拡張子が「sb3」のファイルとして保存されます。

プログラムを読み込む際に読み込めるファイルも、この「sb3」のファイルです。

3-2 「Node-RED」と組み合わせる

「テキストを使ったプログラミング」ではない、「ビジュアル・プログラミング」ができる仕組みの1つに、「**Node-RED**」があります。

「Stretch3」とは異なる形式の「ビジュアル・プログラミング」ができる「Node-RED」に、「Teachable Machine」の機械学習モデルを扱う方法があるので、それを紹介します。

■「Node-RED」とは

「Node-RED」は、**前節**の「Scratch」「Stretch3」と同様に、「テキストを使ったプログラミング」ではない、「**ビジュアル・プログラミング**」と呼ばれる種類のものです。

ただし、前節に出てきた「ビジュアル・プログラミング」は"ブロックを並べてプログラムを組む形"でしたが、「Node-RED」はそれとは異なるやり方になっています。

＊

ここで、「Node-RED」のプログラムの画面を見てみましょう。

図3-28はNode-REDの公式ページのドキュメントに掲載されている図です。

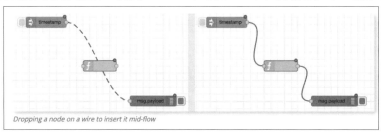

Dropping a node on a wire to insert it mid-flow

図3-28 「Node-RED」のプログラムの例

この**図3-28**で示されているように、「ノード」と呼ばれる部分を「ワイヤ」と呼ばれる線でつないでプログラムを作ります。

"処理の流れ"が、「ノード」とそれをつなぐ「線」で表わされるようなイメージです。

この「ノード」にはいろいろな種類があり、それらの多種多様な機能をもった「ノード」を選んで使うことで、通信の仕組みを扱う「サーバー・クライアント」などのプログラムや、「電子工作に使うデバイスを扱うような仕組み」など、さまざまな機能を開発できます。

●「Node-RED」を使ったプログラミングの方法

ここで、ブロックを使う「ビジュアル・プログラミング」とは違う、「ノード」や「ワイヤ」を使ったプログラムを簡単に解説していこうと思います。

「Node-RED」を使える環境を用意してから、その後に簡単なプログラムを作って実行してみます。

*

まず、「Node-RED」を利用する環境の準備です。

「Node-RED」を使う環境を準備する方法として、たとえば以下の方法があります。

①PC上で「Node-RED」を使えるようにする
②スマートフォンやタブレット上で「Node-RED」を使えるようにする
③クラウド上で「Node-RED」を使う

今回は、①PC上で「Node-RED」を使う話について少し説明します。

「Node-RED」の使い方が書かれたページは、インターネットで検索するといろいろ出てきますが、日本語の説明を探す場合の1つのお勧めとして図3-29に示した「Node-RED日本ユーザー会のドキュメント」(https://nodered.jp/docs/)があります。

図3-29 「Node-RED日本ユーザー会」のドキュメント

「環境を作る話」から、「使い方」「よくある質問」など、役立つ情報が日本語で掲載されています。

＊

今回、参照するページは「Getting Started」という項目の中です。
それを選ぶと、**図3-30**のようなページが出てきます。

図3-30　Node-RED日本ユーザー会のドキュメント内の「Getting Started」

この中の、「ローカルで実行」という項目が、今回利用する項目です。

その中で「必須条件」という部分に書かれているとおり、ローカル環境に「Node-RED」をインストールする際には、「Node.js」を利用します。

手　順　「Node-RED」を使うための環境構築

[1] まずは、図3-31の「Node.js」のページ（https://nodejs.org/ja/）を参照
しながら、「Node.js」を使える環境を準備しましょう。

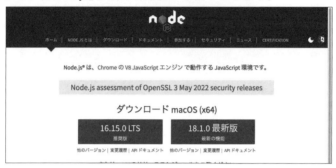

図3-31　「Node.js」のページ

[2] 「npmコマンド」が利用できるような状態になるので、それができたら
「Node-RED日本ユーザー会」のドキュメントの「ローカルで実行」という項
目内の「Node-REDのインストール」を進めていきます。

[3] インストールが終わったら、ドキュメントの中の「実行する」という項
目の部分を見て、「Node-RED」の実行や終了を試してみましょう。

[4] それができたら、「Node-RED」を実行した状態で、ブラウザで「http://
localhost:1880」にアクセスし、図3-32の「Node-REDエディタ」を開きましょう。

図3-32　「Node-RED」のエディタ

*

図3-32のような画面がブラウザ上で表示できたでしょうか。

ここまで進められれば、まずは「Node-RED」を使うための基本的な環境構築は整った状態です。

■「Node-RED」で「Teachable Machine」の機械学習モデルを扱う仕組み

「Node-RED」を使うと、さまざまな仕組みを作れますが、公式の「Node-RED」の標準機能では、「Teachable Machine」で作った機械学習モデルを扱うことはできません。

では、どうやって「Teachable Machine」で作った機械学習モデルを使うのでしょうか。

それには、「Node-RED」のユーザーなどによって作られた「独自のNode-RED用のノード」と、「その独自ノードを読み込んで使う仕組み」(標準の「Node-RED」に機能を追加できるような仕組み)が関係しています。

「Node-RED」で使うノードは、標準で組み込まれているものも、いろいろとありますが、標準で用意されていないノードを独自に開発する仕組みもあります。

さらに、開発したノードを共有したり、共有されている別の誰かが開発したノードを取り込んで利用する仕組みもあります。

そして、「Teachable Machine」の画像プロジェクトの機械学習モデルに関しては、それを扱うための独自ノードを公開している方がいて、そのノードが使える、というわけです。

*

図3-33は、「node-red-contrib-teachable-machine」(https://www.npmjs.com/package/node-red-contrib-teachable-machine)という、「Teachable Machine」の機械学習モデルが扱えるノードについて説明などが書かれているページです。

図3-33　「Node-RED」で「Teachable Machine」の機械学習モデルを扱えるノード

■「Teachable Machine」の機械学習モデルを使ったプログラムを動かす

それでは、あらためて「Node-RED」のプログラムで、「Teachable Machine」の機械学習モデルを使った処理を試してみましょう。

＊

ここでは、「node-red-contrib-teachable-machine」で用意されているデフォルトの機械学習モデルと、それを利用するための「サンプルプログラム」を動かす手順を試します。

図3-32の「Node-REDエディタ」で操作を進めていきます。

＊

まずは、**図3-34**で示したエディタの画面右上にあるメニューを開きます。
その中にある「パレットの管理」を選んでください。

図3-34　エディタ右上のメニュー

　そうすると**図3-35**の画面が開き、左のメニューで「パレット」が、2つあるタブでは「現在のノード」というほうが選ばれた状態になっています。

　このタブの選択で「ノードを追加」と書かれたタブを選んでください(**図3-35**は、すでに「ノードを追加」のタブを選んだ状態です)。

図3-35　パレットの管理の画面

　「ノードを追加」のタブを選んだ状態だと、画面内の「ノードを検索」と書かれ

た部分にカーソルが合った状態になっています。

　ここに検索キーワードを入れるのですが、今回試すライブラリ名の一部、た
とえば「teachable-machine」というキーワードを入れてみましょう。

　そうすると、**図3-36**のような、「Teachable Machine」用のノードが検索結
果として表示された状態になっていると思います。

図3-36　「Teachable Machine」用のノードが表示された状態

　ここで、「node-red-contrib-teachable-machine」と書いてある部分の右下に
ある「ノードを追加」というボタンを押すと、「node-red-contrib-teachable-
machine」のインストールが始まります。

　インストール開始時に、「node-red-contrib-teachable-machineをインストー
ルします。」と書かれたボタン付のポップアップが表示されるので、3つあるボ
タンの一番右の「追加」と書かれたボタンを押してください。

　その後、しばらくすると「ノードをパレットへ追加しました」というインストー
ル完了を知らせるポップアップが表示されるので、それまで少し待ちましょう。

　インストール完了後にパレットの管理の画面が表示された状態になっていま
すが、画面右上にある「閉じる」ボタンを押して閉じてしまってください。

＊

　今回はサンプルとして用意されたものを使うので、そのサンプルを読み込み
ます。

　図3-34で示していたエディタの画面右上にあるメニューで、「読み込み」と
書かれた項目を押してください。

　そうすると、**図3-37**で示した画面が開きます。

　デフォルトでは、画面左のメニューで「クリップボード」という部分が選ばれ

ていると思いますが、その2つ下にある「サンプル」という項目を選びましょう。

図3-37は、すでに「サンプル」を選んだ状態です。

図3-37　「サンプル」の項目を選んだ後の状態

その中で表示されている「node-red-contrib-teachable-machine」をクリックすると、**図3-38**で示したように「basic」「local_test」という項目が表示されます。

2つあるうちの「basic」を選び、画面右下の「読み込み」ボタンを押してください。

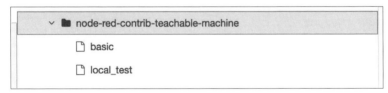

図3-38　「Teachable Machine」用のノードが表示された状態

サンプルが読み込まれると、**図3-39**のようなプログラムが表示された状態になっていると思います。

これが「node-red-contrib-teachable-machine」で用意されているサンプルです。

サンプルの機械学習モデルのURLも指定済みになっているため、プログラムに手を加えずに試すことができます。

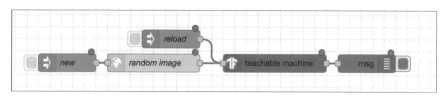

図3-39　サンプルが読み込まれた後の画面

*

　少しこのプログラムの内容を補足すると、それぞれ名前がつけられたブロックが5つありますが、それらは以下の役割になっています。

New
ユーザー操作で「random image」から後ろの処理の実行を開始させる

random image
Webサービスからランダムな画像を取得し、その画像を「teachable machine」に渡す

Reload
ユーザー操作で、「teachable machine」で読み込まれる「Teachable Machine」の機械学習モデルを再読み込みさせる

teachable machine
「random image」から入力された画像に対して「Teachable Machine」による推論(画像分類)を行なう(出力は「msg」に渡す)

Msg
デバッグ用の情報を出力

*

　プログラムが読み込まれたら、画面右上にある「デプロイ」ボタンを押してください。
　これで、プログラムを動作できる状態になります。
　「デプロイ」ボタンを押した後、プログラムの中の「teachable machine」と書かれた部分の下に「loading…」という文字が表示されます。
　しばらく待った後にその文字が**図3-40**のように「ready」という表示に変わるのをここで確認してください。

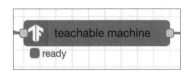

図3-40 「Teachable Machine」の機械学習モデルが読み込まれた状態

この図3-40の表示が出たら、サンプルで用意された「Teachable Machine」の機械学習モデルが読み込まれています（残るステップは、プログラムを実行するだけです）。

プログラムのいちばん左端にある、図3-41で示した部分をクリックしてみてください。

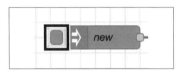

図3-41 サンプル実行時に押す部分

そうすると、図3-42のように、「teachable machine」と書かれた部分の下に「100%・happy」などという、数字と文字を組み合わせた文字列が表示されると思います。

再度、図3-41の部分を押すと、図3-42の部分には違った表示がされるかもしれません。
たとえば、筆者の場合「95%・neutral」「97%・surprise」などの結果が表示されました。

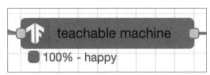

図3-42 サンプルを実行した後の表示

＊

なお、このサンプルで機械学習モデルのURLを指定している部分は、図3-42で示した「teachable machine」と書かれた部分をダブルクリックすると、図3-43で示した画面が開き、その中で見ることができます。
「Url」という項目の部分に機械学習モデルのURLが書かれています。

　もし、自分が作った機械学習モデルを利用して、「Node-RED」のプログラムを作る場合は、この部分のURLを自分が用意したものに書き換えることになります。

図3-43　機械学習モデルのURLを設定している部分

※このときにデフォルトで用意されている機械学習モデルに関して、どのようなクラスが用意されているかは、確認可能です。

＊

　図3-44で設定されている機械学習モデルのURLをブラウザのURL欄に入力してアクセスすると、推論を試すための画面が表示されます。

　そこで、推論結果の表示部分を見ると、図3-44のように5つのクラスが用意されたものと分かります（ラベル名から推測すると、人の感情か表情を分類するモデルのようです）。

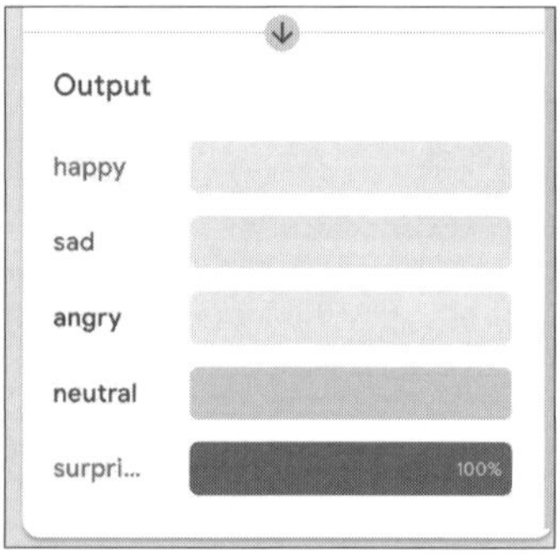

図3-44　デフォルトで設定されている機械学習モデルのクラス

そして、今回の推論の対象画像を取得している部分を**図3-45**に示します。

図3-45左のノードをダブルクリックすると、**図3-45**右の画面を見ることができます。

その中に「URL」という項目がありますが、これが「Teachable Machine」の推論の対象になる画像を取得している元になります。

＊

どんな画像が読み込まれているのかを、ブラウザを使って確認してみましょう。

ここで書かれているURLを、ブラウザのURL欄に入力してアクセスすると、何らかの画像が表示されます。

さらに、このリロードの操作をして再読み込みをさせると、表示される画像が先ほどとは別の画像に変化します。

操作をしてみて分かるとおり、ある特定の画像をランダムに取得できるサービスのURLを使っているようです。

図3-45 機械学習モデルのURLを設定している部分
左：画像を取得するノード、右：画像を取得するノードの設定画面

＊

このサンプルで、インターネット上から画像を取得し、その画像に対する推論を「Teachable Machine」の機械学習モデルで行なう流れの動作は確認できました。

しかし、今のサンプルだと、どんな画像が読み込まれたかが見た目で分かりません。

また筆者が画像取得用のURLにアクセスしている中で、そこでランダムに取得された画像が、デフォルトの機械学習モデルで想定されている画像にならない場合もあるように思われます(人がまったく映っていない写真が出るなど)。

これについては、おそらくは、ある程度の動作確認が行なえればいいという思想で準備されたサンプルだと推測されます。

そういった点があるため、たとえばこのサンプル上で読み込まれた画像に、「見た目に分かるような処理を追加」したり、「取得する画像」や「推論に用いる機械学習モデル」を自分が用意したものに変えたりできるといいのですが、紙幅の都合でここでは割愛します。

> ※「Node-RED」の使い方や活用方法に関する情報は、Webで検索したり書籍を探したりするといろいろ出てくるので、もし興味がある方はそういったものを参照して、この「node-red-contrib-teachable-machine」のノードを活用してみてください。

*

また、ここでは取り上げなかったもう1つのサンプル「local_test」のほうでは、「node-red-contrib-browser-utils」(https://flows.nodered.org/node/node-red-contrib-browser-utils)というノードをさらに追加する必要があります。
こちらは、「Node-RED」を動かしている自分のPCのカメラや、PCにある画像ファイルを推論対象にできるサンプルです。

自分で作った「画像プロジェクト」の機械学習モデルの動作を確認する場合は、こちらのサンプルを使ってもいいかもしれません。

余談ですが、この「Node-RED」は、デバイスとの有線の通信(シリアル通信など)や、ネットワーク経由の様々な通信(「HTTPリクエスト」や、リアルタイム通信でよく用いられる「MQTT」「WebSocket」など)、そしてサーバーサイドで扱う処理といった幅広い処理ができるため、筆者は「IoT関連」「異なるデバイス/サービス間の連携」「Botサーバ」といったものを試作する際などに、よく利用しています。

3-3　　異なる種類の画像を学習させてみる

「Teachable Machine」の「画像プロジェクト」では、さまざまなものを対象にして機械学習モデルを作れます。

ここまでで、すでに試した学習とは違うものを対象にしたり、すでに試したものに別の画像を追加したものを試してみましょう。

■異なる種類の画像を１つのクラスに混在させてみる

「Teachable Machine」を使って試した機械学習モデルの作成では、自分が指差しをしている様子を学習対象の画像にしました。

そこに、同じ意味合いをもった、異なる画像も足して動作を試そうと思います。

＊

具体的には、「上」「下」というクラスに、「上向き」「下向き」のそれぞれの矢印の絵を追加し、「なし」というクラスに白紙の紙を追加してみます。

ここで用いる矢印の絵は、具体的には図3-46のような、ノートの切れ端にペンでわりと雑に手描きしたものを用意しました。

あえて、綺麗に描いたものでなく、さっと用意できてしまうレベルのものにしました。

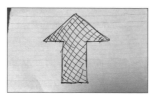

図3-46　学習対象にする手描きの矢印

そして、2章1節で進めたのと同じ手順で、自分で指を差したりなどして画像を学習させるのですが、「上」「下」というクラスには、図3-46に示した矢印を上向きに映るようにしたものと、下向きに映るようにしたものを混在させます。

また、何も描いてない紙を「なし」のクラスに混在させます。

つまり、それぞれのクラスに人が映った画像だけでなく、手描きの絵も混ざった状態で機械学習モデルが作成された状態になりました。

その後、「Teachable Machine」のページの上で推論も試してみましょう。

自分が指差しをした状態をカメラに映す以外に、**図3-47**のように手描きの矢印が上下のどちらかに向いた状態のものをカメラに映した場合でも、それぞれ「上」や「下」といった、意図した結果が得られたのではないでしょうか。

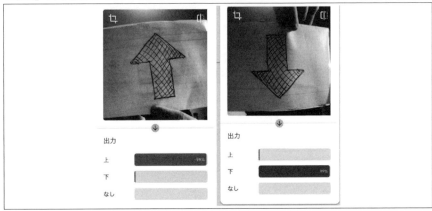

図3-47　手描きの矢印に対する推論が行われている状態

*

仕組み上、「上」「下」という意味合いをもたないまったく違う画像（たとえば、「上」の画像にバナナ、「下」の画像にリンゴといった対応など）を学習させることも可能ですが、分かりやすさなどを考慮すると、それぞれの「クラス名」からあまりにもかけ離れた内容のものを学習させるのは避けたほうがいいでしょう。

もし、1つのクラスにいろいろな種類のものを混ぜて学習させる用途がある場合は、そのクラスに登録されたものを示すような名称をつけるのがいいと思います。

たとえば、リンゴやバナナ、イチゴを個々のクラスにするのではなく、1つのクラスにまとめて扱うのであれば、「果物」というクラスでまとめてしまう、というようなものです。

一度、機械学習モデルをエクスポートすると、その機械学習モデルで学習させた画像が具体的に何であったかを調べる手段はありません。

一方で「クラス名」は、機械学習モデルをエクスポートした後に情報として得られるため、「クラス名」から学習させた画像が分かったほうが、後々困らなくてすみます。

第4章

「Teachable Machine」で音を扱う

> ここまでは「Teachable Machine」の3つあるプロジェクト
> のうち、「画像プロジェクト」を試してきました。
>   この章では、2つ目のプロジェクトの、「音声プロジェクト」
> を試していきます。

4-1 | 公式サイト上で「学習」と「推論」を試す

「Teachable Machine」の3つあるプロジェクトの中で、唯一、音を扱うプロジェクトになっている「音声プロジェクト」を試していきます。

■試す内容について

「Teachable Machine」の「音声プロジェクト」は、**(A)**マイクから直接音を入力するか、**(B)**ファイルで用意した音のデータを使って、機械学習モデルを作る――ことができます。

*

ファイルを利用する方法については1つ注意点があります。

「音声プロジェクト」でのファイル利用の場合は、"「Teachable Machine」のWebサイト上でマイクから録音したサンプルのみ対象にできる"という制約があるということです。

これについては、この章の最後で少し補足します。

*

それでは実際に「音声プロジェクト」を試していきます。

「画像プロジェクト」を試したときと同様に、お試し用に特別な道具を用意しなくてもいいように、以下のやり方で進めることにします。

・デバイスは「マイクをつないだ（または内蔵した）PC」のみを利用
（楽器や何らかの音楽を鳴らす機器などは不要な内容とする）
・「マイクで喋った自分の声」を「入力データ」にして「機械学習モデル」を作成
（「スタート」「開始」「ストップ」「終わり」などの内容で、全部で3つのクラス
を用意）
・作った「機械学習モデルの動作確認」は「Teachable Machine」のサイト上で
行なう

> ※今回の「お試し」では「声」のみを使いますが、「音声プロジェクト」で扱える音
> のデータは「声」に限らず、たとえば「楽器の音」や「音楽」「効果音」といった、「音
> 全般」になります。

■3つのクラスを準備する

今回、「音声プロジェクト」で準備する「クラス」は、以下の3つです。
①「バックグラウンドノイズ」（※「音声プロジェクト」で必ず必要になるもの）
②「開始」の意味をもつ内容
③「終了」の意味をもつ内容

上記①、はこの後に説明を書いているので、上記②③についてここで少し補
足します。

*

上記②③で喋る内容は「まったく同じ単語」ではなく、「同じ意味をもった別
の言葉」や「同じ言葉の、少し言い方を変えたもの」を混ぜて作ってみます。
そのため、「○○の意味をもつ内容」という書き方をしていました。

具体的には、上記②の「開始」の意味をもつ内容であれば、たとえば「開始」「ス
タート」「スタートして」「始め」などです。

*

もちろん、無理に複数用意する必要はなく、上記②は「開始」だけでもいいの
ですが、ここでは「複数の言い回しを一まとめにしたクラスで扱うやり方もある」
ということを体験いただければと思い、このようにしました。

*

それでは、「画像プロジェクト」を試したときのように、学習を行なう画面へ
と進んでいきましょう。

ブラウザで「Teachable Machine」の公式サイトにアクセスして、トップページの先の3つのプロジェクトを選択する**図4-1**の画面へ進み、真ん中にある「音声プロジェクト」を選んでください。

図4-1　「Teachable Machine」の「音声プロジェクト」を選択

そうすると、**図4-2**の画面が表示されます。

先ほど、「画像プロジェクト」のときと似た画面ですが、最初に表示されている「クラス」が違っているのに気がつくかもしれません。

「画像プロジェクト」では「Class 1」「Class 2」の2つが最初から準備されていました。

しかし、「音声プロジェクト」では、「**バックグラウンドノイズ**」と「Class 2」の2つが準備されています。

＊

この「バックグラウンドノイズ」とは何でしょうか。

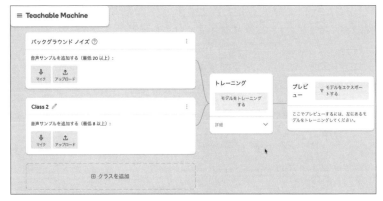

図4-2　「音声プロジェクト」の機械学習を行なうページの最初の状態

＊

「音声プロジェクト」では、「推論」を行なう際に、「マイクから入力される音」を使った処理を行ないます。

その際に、たとえば(a)家の中の静かな部屋で特定の言葉を喋る場合と、(b)周りが騒がしい場所で同じ言葉を喋る場合——とでは、マイクに入る音の内容が違ってきます。

これは、「周囲の音」と「喋った声(音)」が合わさったものが、マイクから入力される音になるためです。

このとき、「推論」の対象としたい部分は「喋った声」なので、"「周囲の音」＋「喋った声」"の入力時に、「周囲の音」を除いた「喋った声」を取り出せるのが望ましいです。

そのために、この「周囲の音」を除くためのデータとして、「バックグラウンドノイズ」を合わせて入力するやり方をとっているようです。

＊

それでは、「喋った声」を覚えさせる「クラス」が足りないので、「Class 2」に加えて、あと1つのクラス(Class 3)を追加しましょう。

ここで「画像プロジェクト」のときと同様に、「各クラスの名前」を分かりやすい名前に変更しておきます。

「Class 2 ⇒ 開始」、「Class 3 ⇒ 終了」というように名前を変更して、次へ進みます。

＊

いよいよ音のデータを入力していきます。

最初は「バックグラウンドノイズ」の入力から始めましょう。

それでは「バックグラウンドノイズ」と書かれた部分(**図4-3**)の下にある、「マイク」と書かれた部分を押してください。

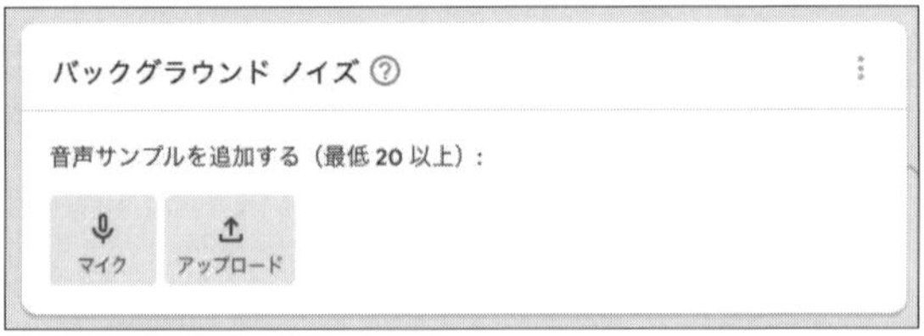

図4-3　「バックグラウンドノイズ」の入力部分

[4-1] 公式サイト上で「学習」と「推論」を試す

そうすると、「マイクを切り替える」と書かれた「プルダウンメニュー」や、「20
秒間録画する」と書かれた「ボタン」が表示されます(**図4-4**)。

　もし、PCにつながっているマイクが複数ある場合は、「マイクを切り替える」
と書かれた「プルダウンメニュー」を押すと、音の入力に利用するマイクを1つ
選択できます。

図4-4　マイクボタンを押した後の状態

＊

　ここまでの準備ができたら、「20秒間録画する」というボタンを押し、喋っ
たり音をたてたりしないようにして、20秒間待ってください。

　そうすると、先ほど押したボタンが「●秒録音しています...」という表示にな
り、ボタンの上で「黒・青・赤」の色がついた表示が出てきます(**図4-5**)。

図4-5　マイクから入力された音の内容を示す表示

これは、「マイクから入力された音の内容を見えるようにしたもの」という認識で問題ありません。

20秒経過すると、図4-6のような表示になるので、その中の「サンプルを抽出」と書かれたボタンを押しましょう。

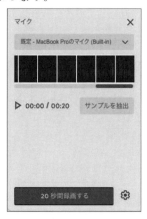

図4-6 「録音完了」後の画面

そうすると、今操作をしていた画面のすぐ右のあたりに、「20の音声サンプル」という表示と、その下に「20個の色付きの四角」が表示された状態になります(図4-7)。

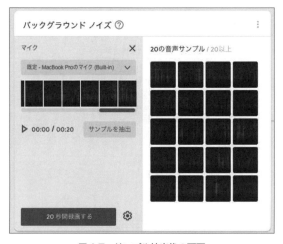

図4-7 サンプル抽出後の画面

　これは、先ほど入力した20秒ぶんのデータを取り込んで、1秒ごとのデータに分けている状態を示しています。

　「Teachable Machine」の「音声プロジェクト」は、入力された音のデータを1秒ごとに区切り、その1秒ごとのデータが「学習したデータ」と同じクラスになるかどうかを「推論」する処理になっています。

　まずは、一度流れを掴んでもらうため、もし途中で誤って物音を立てたりしたとしても、次に進んでいきましょう。

> ※この取り込んで1秒ごとに分けられたデータは、個別に内容を聞いたり削除できますが、今はそれを行なわず、進めていきます。

＊

　次は、残りの2つのクラスのデータ入力に進んでいきます。

　この後に行なう「音の入力」は、基本的には「バックグラウンドノイズ」と似た手順になりますが、1つだけ大きな違いがあります。
　それは、「最低限必要となる音の長さ」です。

　「バックグラウンドノイズ」は、20秒ぶんのデータが必要でしたが、その他のクラスは、最低8秒ぶんのデータがあれば学習できます。

> ※最初は一連の流れを体験してもらうために、「バックグラウンドノイズ」以外のクラスはそれほど長くない秒数で、10秒から15秒ぶんくらいのデータを用意します。

＊

　それでは、「開始」という名前にした「クラス」の、「音の入力」を行ないます。

　先ほどの「バックグラウンドノイズ」のときと同様に、「マイク」と書かれたボタンを押して、必要に応じてマイクを選択してください。
　そうすると、図4-8で示した内容が表示されます。

＊

　音を入力する際に押すためのボタン名が「2秒間録画する」という表示になっているはずです。
　このボタンを押すと、2秒間の音の入力ができます。

図4-8 クラス「開始」のマイク選択後の画面

この「2秒」という時間は変更できますが、何度もボタンを押して入力をする必要がないように、「5秒」に変更して進めていきます。

これは、自分がやりやすい長さにするのがいいので、「2秒」のままでも問題ないですし、5秒以外の時間でも問題ありません。

＊

それでは、時間を変える操作を行ないます。

「2秒間録画する」と書かれたボタンの右隣に「歯車のマーク」のアイコンがあるので、それを押してください。

そうすると、**図4-9**に示したような状態に表示が変わります。

図4-9 1回で入力するデータの長さなどを設定する画面

　ここで、「時間2秒」となっている部分を変えることで、1回で入力されるデータの長さが変更されます。

　なお、その上にある「遅延0秒」という部分を変えると、音のデータ入力をするボタンを押してから、マイクから音が入力できる状態になるまでの待ち時間が発生するようになります。

　もし、ボタンを押して1〜2秒待ってから喋るほうがやりやすい場合は、この遅延の部分も、「0」から別の数字に変えても問題ありません。

＊

　数字の変更が終わったら、画面の下にある「設定を保存」と書かれたボタンを押し、ここで行なった変更を反映させてください。

　もし、「時間5秒」に変更した場合は、「2秒間録画する」と書かれていたボタンの表示が「5秒間録画する」という内容に変わっていると思います。

　自分が設定した数字通りになっていることを確認したら、次へ進みましょう。

> ※なお、この後の例は、「時間5秒」にしています。

＊

　「バックグラウンドノイズ」を入力したときと同様に、「●秒間録画する」と書かれたボタンを押し、入力が可能になったら以下の言葉を喋るようにしてください。

＊

　以下の内容は一例なので、すべてを含める必要はありません。

　また、同じ言葉を何回か喋っても大丈夫です。

「開始」というクラスに登録する言葉

開始　開始して　スタート　始め

　録音している間、長い無音の部分は作らないよう、これらの言葉を喋っていきましょう。

　先ほどの手順通りであれば、1回で5秒ぶんの入力ができます。

　入力が終わったら、先ほどと同様に「サンプルを抽出」と書かれたボタンを押して、入力されたデータを取り込んでください。

　このままだと、まだ必要最低限の8秒ぶんには満たないので、あと1〜2回、

音のデータの入力を行なって、合計で「10秒」か「15秒」ぶんになるようにしましょう。

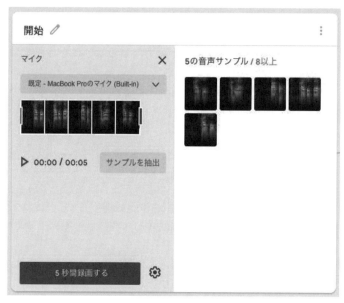

図4-10　5秒ぶんのサンプルが取り込まれた状態

今入力したデータが、**図4-10**のようにサンプルとして取り込まれていることを確認してから、再度、「5秒間録画する」というボタンを押して、音を入力してください。

入力を行なった後は、忘れずに「サンプルの抽出」のボタンを押してサンプルとしてデータを取り込むようにしましょう。

これで、「開始」という名前の「クラス」に関する準備は完了です。

＊

残りの「終了」という名前のクラスに関しても同様に進めてください。

以下に、登録する言葉を示します。

先ほどと同様、すべてを含めなくても問題ありません。

「終了」というクラスに登録する言葉

終了　終わり　終わって　ストップ

これらの準備を進め、図4-11のような状態になっていることを確認しましょう。

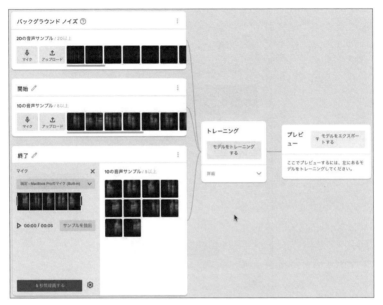

図4-11　すべてのクラスに音を取り込んだ状態

「バックグラウンドノイズ」は「20秒」ぶん、その他のクラスは「8秒」ぶんのデータがそろっていれば、画面真ん中の「トレーニング」と書かれた部分の「モデルをトレーニングする」というボタンが「グレー」から「青」に変わっているはずです。

このボタンを押して、先ほど入力した音のデータを使った学習を進めましょう。

このボタンを押してしばらく待つと、「モデルをトレーニングする」というボタンが「トレーニング済みのモデル」という文字になり、ボタンの色が「グレー」になります。

> ※このとき「タブを切り替えないでください。」と書かれたポップアップが出ます。
> 「Teachable Machine」のページが表示されたタブを閉じたり切り替えたりせず、
> そのままにしておいてください)

＊

そうすると、画面右側の「プレビュー」と書かれた部分が、**図4-12**のような表示になっているはずです。

図4-12 機械学習モデルの作成が完了した後の、プレビュー画面

*

「画像プロジェクト」のときと同様に、「機械学習モデルの作成」が完了したら、画面右の「プレビュー」と書かれた部分で「推論」を試すことができます。

今回は「音のデータ」になるので、「カメラの画像」ではなく「マイクから入力された音」を使った「推論」になります。

*

図4-13のような表示になっているのを確認してください。

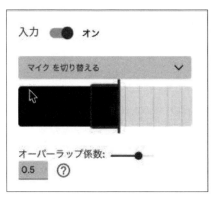

図4-13　マイクからの入力を表示している部分

　そして、「バックグラウンドノイズ」と、その他の以下に示したクラスが、プレビューの部分の下のほうに表示されていると思います。

　これも、「画像プロジェクト」と同様に、「リアルタイムに入力される音のデータが、学習したどのクラスに該当するか」と「数字」「棒グラフ」のような表示が示されています。

*

　先ほど学習時に喋った内容を、また喋ってみて、それに合った結果が得られていることを確認してみてください。

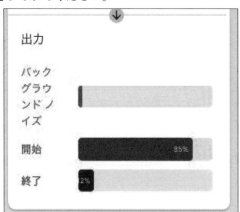

図4-14　推論結果が表示されている部分

これで、「音声プロジェクト」の機械学習モデルの作成は無事に完了です。

この後は、「画像プロジェクト」と同様に、「モデルのエクスポート」と、「エクスポートした機械学習モデル」の活用の話に進みます。

4-2 公式サンプル(p5.js)と組み合わせる

ここでは、「Teachable Machine」のサイト上で作ってエクスポートした「音声プロジェクト」の機械学習モデルを、「Teachable Machine」公式のサンプルで動かしてみます。

公式サンプルの中の、「p5.js」用のサンプルを利用します。

■「機械学習モデル」を書き出す(モデルのエクスポート)

作った「機械学習モデル」の動作結果を確認できたところで、「画像プロジェクト」の部分で行なったのと同様に、「Teachable Machine」のサイト以外でもこの機械学習モデルを利用できるようにする手順を進めます。

*

エクスポートできる「データ形式」「手順」は、以下のものがあります。

TensorFlow.js 用
- クラウドへのアップロード
- ファイルのダウンロード

TensorFlow Lite 用
- ファイルのダウンロード

また、サンプルは、以下のものがあります。

TensorFlow.js 用
- JavaScript
- p5.js

TensorFlow Lite 用
- Kotlin

ここでは、「TensorFlow.js用のものをクラウドにアップロード」する形式を利用し、「TensorFlow.js用のp5.jsを使った公式サンプル」を使ってそれを動かします。

まずは、「エクスポート」をしましょう。

手 順	機械学習モデルのエクスポート

[1] 先ほどの推論結果が表示されていた、「プレビュー」画面の右側に「モデルをエクスポートする」というボタンがあるので、それを押してください（図4-15）。

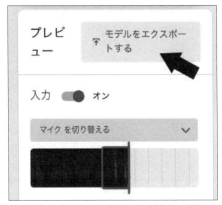

図4-15　モデルをエクスポートするボタン

[2] そうすると、「モデルをエクスポートしてプロジェクトで使用する。」と書かれたウィンドウが表示されます（図4-16）。

デフォルトの状態のまま変更などはせず、「モデルをアップロード」と書かれたボタンを押しましょう。

図4-16　モデルをアップロードするボタン

[3] しばらく待つと、図4-17のように画面内の「共有可能なリンク」と書かれた直下のURLが「青背景」になり、URLの後ろのほうの内容が少し書き換わったものに変化します。

これが、「Teachable Machine」以外のサイト上で機械学習モデルを使うために必要な情報になるので、このURLはメモなどして残しておいてください。

共有可能なリンク:

https://teachablemachine.withgoogle.com/models/c█████-/   コピー 📋

When you upload your model, Teachable Machine hosts it at this link. (FAQ: Who can use my model?)

✓ クラウドモデルは最新です。

図4-17　モデルを利用するためのURL

＊

ちなみに、ここでメモしたURLにアクセスすると、作った機械学習モデルの「推論」を試すページを開くことができます。

> ※ここで行なったエクスポートは、「画像プロジェクト」のときと同様に「TensorFlow.js形式でのエクスポート」で、クラウドに保存するやり方のものです。

図4-17の下のほうを見ると、「JavaScript」「p5.js」と書かれたタブと、プログラムが表示された部分があります。

ここに表示されているプログラムは、この後に使う公式サンプルなのですが、後でサンプルにアクセスするためのURLを示すので、ここでは「サンプルが表示されている部分がある」ということだけ見ておいてください。

モデルをエクスポートしてプロジェクトで使用する。　　　　　　　×

Tensorflow.js ⓘ　　　Tensorflow Lite ⓘ

モデルを使用するコード スニペット:

　　Javascript　　　　p5.js　　　　　　　　　　　Github に投稿 ⏻

Open up the code snippet below directly in the p5.js Web Editor.

```
<div>Teachable Machine Audio Model - p5.js and ml5.js</div>
<script src="https://cdnjs.cloudflare.com/ajax/libs/p5.js/0.9.0/p5.min.js"></script>
<script src="https://cdnjs.cloudflare.com/ajax/libs/p5.js/0.9.0/addons/p5.dom.min.js"></script>
<script src="https://unpkg.com/ml5@latest/dist/ml5.min.js"></script>
<script type="text/javascript">
    // Global variable to store the classifier
    let classifier;

    // Label
    let label = 'listening...';

    // Teachable Machine model URL:
    let soundModel = 'https://teachablemachine.withgoogle.com/models/c_WJ3F\s-/';
```

図4-18　「p5.js」のサンプルを表示した状態

この後は、「Teachable Machine」のサイト以外で、このURLを使った「推論」を実行してみます。

その環境として、「画像プロジェクト」のときと同様に「p5.js Web Editor」というサイト (https://editor.p5js.org/) を利用します。

■「音声プロジェクト」の「p5.js」用サンプルの補足

「p5.js」を使った公式サンプルに手を加えていきます。

そのために、「公式サンプル」のプログラムの内容について、少し補足しておきます。

*

まず、「公式サンプルの参照先」は「p5.js Web Editor」上で公開されているものだと、「https://editor.p5js.org/ml5/sketches/SoundModel_TM」がアクセス先となります。

ここで、公式サンプルのプログラムのコメントを除いたものを、**リスト4-1**に示します。

この中で、「【個々に異なる文字列】」という部分は、「Teachable Machine」の機械学習モデルのURLを指定する箇所なので、自身でメモしたURLのものに置き換えてください。

リスト4-1　JavaScriptを使った「音声プロジェクト」の公式サンプル

```
let classifier;
let label = "listening";

let soundModelURL = 'https://teachablemachine.withgoogle.
com/models/【個々に異なる文字列】/model.json';

function preload() {
  classifier = ml5.soundClassifier(soundModelURL);
}

function setup() {
  createCanvas(320, 240);
```

```
  classifier.classify(gotResult);
}

function draw() {
  background(0);
  fill(255);
  textSize(32);
  textAlign(CENTER, CENTER);
  text(label, width / 2, height / 2);
}

function gotResult(error, results) {
  if (error) {
    console.error(error);
    return;
  }
  label = results[0].label;
}
```

　このサンプルを、自身が用意したモデルを使って動かすと、**図4-19**で示す
ような表示になります。

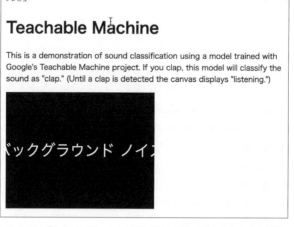

図4-19 「音声プロジェクト」の公式サンプルを動かしたときの様子

　正確には、最初は**図4-19**の左下の部分が「listening」と表示された状態になり、
自分が学習させたクラスのどれか(「バックグラウンドノイズ」を含む)が認識さ

れた状態になると、「listening」と表示されていた部分に、「バックグラウンドノイズ」「開始」「終了」というクラス名が大きく表示されます。

このとき、図4-19の上部の「Teachable Machine」と書かれたすぐ下には、英語の説明文が書かれています。

これがあっても処理に影響はないですが、必要ないので取り除いてしまおうと思います。

＊

2章4節で書いたように、「p5.js Web Editor」上でHTMLも書き換えができます。

「音声プロジェクト」の公式サンプルを、リスト4-2のようにシンプルにしましょう。

リスト4-2　内容をシンプルにしたHTML

```
<html>

<head>
  <meta charset="UTF-8">
  <title>Webcam Image Classification using a pre-trained
customized model and p5.js</title>
  <script src="https://cdnjs.cloudflare.com/ajax/libs/
p5.js/1.4.0/p5.js"></script>
  <script src="https://unpkg.com/ml5@latest/dist/ml5.min.
js" type="text/javascript"></script>
</head>

<body>
  <h1>Teachable Machine</h1>
  <script src="sketch.js"></script>
</body>

</html>
```

「bodyタグ」内は、「h1タグ」の下にある「pタグ」の部分をすべて削除しました。

また、公式サンプルの「p5.js」のバージョンが「0.9.0」と古いものになっているので、「1.4.0」にしました。

それと合わせて、新しいバージョンでは「p5.dom.js」の機能が「p5.js」に内包された状態になるので、「p5.dom.js」を読み込んでいた部分も削除しています。

＊

それでは、改めて公式サンプルの「JavaScript」のプログラムに手を加えていきます。

手を加えた後のものを、**リスト4-3**に示します。

リスト4-3 「p5.js」を使った「音声プロジェクト」の公式サンプルに手を加えたもの

```
let classifier;

let label = "準備中...";

let soundModelURL =
  "https://teachablemachine.withgoogle.com/models/
AFvhky2vD/model.json";

let count = 0,
  rotateFlag = true;

function preload() {
  classifier = ml5.soundClassifier(soundModelURL);
}

function setup() {
  createCanvas(320, 240);
  classifier.classify(gotResult);
}

function draw() {
  background(0);
  fill(255, 0.25 * 255);
  textSize(20);
  textAlign(CENTER, CENTER);
  text(label, width / 2, height / 2);

  if(label === "終了") {
    rotateFlag = false;
  } else if(label === "開始") {
```

```
    rotateFlag = true;
  }
  stroke(130, 130, 255);
  strokeWeight(4);
  const diffX = 100 * cos(count),
    diffY = 100 * sin(count);
  line(width / 2, height / 2, width / 2 + diffX, height / 2
+ diffY);
  if (rotateFlag) {
    count += 0.01;
  }
  noStroke();
}

function gotResult(error, results) {
  if (error) {
    console.error(error);
    return;
  }
  label = results[0].label;
}
```

＊

　この後にプログラムの内容を説明しますが、まずは自身の機械学習モデルで
動かしてみましょう。

　すると、図4-20に示したように、画面上で線が時計の針のように動き、さ
らに、その背景に薄い色で「バックグラウンドノイズ」「開始」「終了」といった、「推
論結果のテキスト」が表示されるはずです。

　また、線が動いている状態で推論結果の「終了」が出力されたら、その線の動
きが止まったり、逆に線の動きが止まっている状態で推論結果の「開始」が出力
されたら、その線が動き出す動作も確認できるのではないかと思います。

　このように、声で操作するタイマーのようなものをシンプルに作ってみまし
た。

図4-20 「音声プロジェクト」の公式サンプルに手を加えたものを動かす

*

あらためて、プログラムの内容を補足していきます。

まずは、「setup()」の処理までとなる、前半部分を**リスト4-4**に示します。

リスト4-4 プログラムの前半部分(setup()まで)

```
let classifier;

let label = "準備中...";

let soundModelURL =
  "https://teachablemachine.withgoogle.com/models/
AFvhky2vD/model.json";

let count = 0,
  rotateFlag = true;

function preload() {
  classifier = ml5.soundClassifier(soundModelURL);
}

function setup() {
  createCanvas(320, 240);
  classifier.classify(gotResult);
}
```

*

　最初の部分は、「機械学習モデル」が読み込まれるまでに表示する「テキスト」や、「推論結果を保持する変数 (label)」「他のカウンター・フラグになるような変数」を準備したり、機械学習モデルのURLを指定しています。

　また、「preload()」の部分で、「機械学習モデル」の「読み込み処理」を実行したり、「setup()」の中で「描画用のキャンバスの準備」と、「推論結果を得たときの処理」に関する設定が行なわれています。

　「classifier.classify()」の中で、「gotResult」という関数が指定されていますが、これはプログラムの最後の部分に書いてあります(**リスト4-5**)。

リスト4-5　推論結果が得られたときの処理

```
function gotResult(error, results) {
  if (error) {
    console.error(error);
    return;
  }
  label = results[0].label;
}
```

　「推論処理」が「エラー」でなければ、「推論結果」として得られたものを、先ほど用意していた変数「label」に格納しています。

*

　あとは、**リスト4-6**と**リスト4-7**に示した「draw()」の部分を見ていきます。

リスト4-6　「draw()」の推論結果表示に関する処理

```
function draw() {
  background(0);
  fill(255, 0.25 * 255);
  textSize(20);
  textAlign(CENTER, CENTER);
  text(label, width / 2, height / 2);
```

リスト4-6の部分では、以下の処理を行なっています。

・キャンバスの背景を黒く塗りつぶす
・「fill()」や「textSize()」で推論結果を表示するテキストの「色」と「大きさ」を指定
・「textAlign()」で推論結果を表示するテキストの座標指定時の原点を決める設定
・「text()」で「label」という名前の変数の内容をキャンバス上に表示させる

その後に続く**リスト4-7**の部分では、動く線に関する処理を行なっています。

リスト4-7 「draw()」の線を描画する処理

```
if(label === "終了") {
  rotateFlag = false;
} else if(label === "開始") {
  rotateFlag = true;
}
stroke(130, 130, 255);
strokeWeight(4);
const diffX = 100 * cos(count),
  diffY = 100 * sin(count);
line(width / 2, height / 2, width / 2 + diffX, height / 2 + diffY);
if (rotateFlag) {
  count += 0.01;
}
noStroke();
}
```

プログラム内での記載順で、以下のようになります。

・推論結果が「開始」か「終了」だった場合に、線を動かすかどうかのフラグを示す変数「rotateFlag」の「true/false」を変更

・「stroke()」で描画する線の色の設定（RGBで指定、最大値255）、「strokeWeight()」で線の太さを設定

・線の座標が時間変化する側のx座標・y座標を、「diffX」「diffY」という変数で設定（三角関数と中身が単調増加する変数「count」を利用）

・「line()」で線を描画

・単調増加する変数「count」の値を増加させるかどうかを、変数「rotateFlag」によって変える条件分岐

・テキストは「塗り」のみにして枠線は無しにしたいため、「noStroke()」を設定(線を描画するときは「stroke()」で線、枠線を有効化し、線の描画が終わったら「noStroke()」で線と枠線を無効化)

　このように、「p5.js」を活用することで時間変化するアニメーションを簡単に描画でき、それを「音声プロジェクト」の機械学習モデルを使った推論と連動できました。

　テキスト量の都合で、掲載したプログラムはシンプルなものにしていますが、よければ「p5.js」での描画の部分を追加して、自身の好きな見た目のものにしてみてください。

＊

　また、画像プロジェクトの部分でも触れた「The Coding Train」の動画で、「Teachable Machine」の「音声プロジェクト」の事例も紹介されています。

Teachable Machine 3: Sound Classifiication - YouTube
https://www.youtube.com/watch?v=TOrVsLklItM

　この動画では「楽器の音」や「自身の声」を使って、「絵文字の表示」や「ちょっとしたゲームのキャラクターの操作」を行なう事例が紹介されています。

4-3 独自拡張版の「Scratch」と組み合わせる

先ほどは、エクスポートした「音声プロジェクト」の機械学習モデルを、「JavaScript」のプログラムで使いました。

ここでは、「画像プロジェクト」の部分でも使った、独自拡張版の「Scratch」を使った推論を試します。

■独自拡張版の「Scratch」である「Stretch3」を使う

「画像プロジェクト」の機械学習モデルの話と同様に、「音声プロジェクト」の機械学習モデルのお試しも、「Scratch」をベースに機能追加がされている「Stretch3」を使って進めていきます。

「Stretch3」の使い方の説明は**3章1節**をご確認ください。

＊

それでは実際に進めていきます。

「Stretch3」のサイト（**https://stretch3.github.io/**）で拡張機能（**図4-21**）を読み込んで、それを使っていくのですが、その際に用いる拡張機能は「画像プロジェクト」のときと同じ「TM2Scratch」です。

図4-21 「Stretch3」の拡張機能の画面

3章1節で進めたのと同様に、「TM2Scratch」の拡張機能を読み込んでください。

読み込んだ拡張機能で用意されているブロックの下のほうを見ていくと、**図4-21**のように「音声ラベル[のどれか]を受けとったとき」というブロックや「[どれか]の音声が聞こえた」というブロックが並んでいる部分があります。

＊

　ブロックの名前に「音声」が含まれているブロックが、「音声プロジェクト」用
に用意されたブロックです。

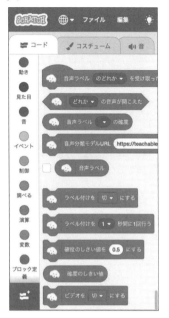

図4-22　「音声プロジェクト」の機械学習モデルを扱う拡張機能

　ちなみに、**図4-22**の「ラベル付けを[切]にする」ブロックや、それより下に
あるブロックは、「画像プロジェクト」と「音声プロジェクト」で共通して利用す
るブロックです。

●「Teachable Machine」で作った機械学習モデルの動作確認を行なう

実際に、「Teachable Machine」上で作った「音声プロジェクト」の機械学習モデルを「Stretch3」で読み込んでみましょう。

| 手　順 | 「音声プロジェクト」の機械学習モデル「Stretch3」で読み込む |

[1] 図4-23で示したURLが記載された「音声分類モデルURL」というブロックがあるので、このURLを自身が用意した機械学習モデルのURLに書き換えてください。

音声分類モデルURL　https://teachablemachine.withgoogle.com/models/【各自で異なる文字列】/

図4-23　「音声プロジェクト」の機械学習モデルを扱う拡張機能

[2] そしてURLの書き換えを行なった後に、このブロックをダブルクリックします。

そうすると、ブロックの周りが黄色く光り、しばらくの間、「画面右上のカメラ映像」がフリーズしたような感じになります。

[3] その後、カメラ映像が「フリーズしていない状態」に戻って、「ブラウザのマイク利用の許可のポップアップ」(図4-24)が表示されたら、利用を許可してください。

...h3.github.io が次の許可を求めています　×

🎤　マイクを使用する

ブロック　　許可

図4-24　ブラウザがマイクの許可を求めるポップアップ(Chromeでの表示例)

[4] それでは、作った機械学習モデルがきちんと読み込まれているか確認しましょう。

図4-25で示したプルダウンメニューをクリックし、そこに「どれか」「バックグラウンドノイズ」「開始」「終了」という4項目が表示されていれば、読

み込みが正常に行なわれた後の状態になります。

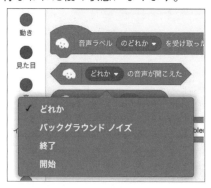

図4-25　機械学習モデルが読み込まれた後のラベルの表示

*

ここまで手順を進める際に、画面上にカメラに映った映像が表示されていたと思います。

今回、「音声プロジェクト」の機械学習モデルを利用する場合は、このビデオ表示は不要になるので、ここで切っておきましょう。

*

「TM2Scratch」のブロックのいちばん下に、**図4-26**で示した「ビデオを [切] にする」というブロックがあるので、これをダブルクリックしてください。

そうすると、ビデオが表示されなくなります。

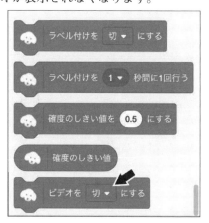

図4-26　ビデオ表示の「ON/OFF」を切り替えるブロック

それでは、推論結果の確認も行なってみます。

図4-27で示したチェックボックスにチェックを入れると、さきほどまでカメラ映像が表示されていた部分の左上に推論結果が表示されるようになります。

そして、「開始」「終了」のそれぞれのクラスに自身が登録したのと同じ内容を喋ってみて、意図したクラスが推論結果として表示されるかどうかを確認してみましょう。

図4-27　変数の中身を表示するチェックボックス

これで、自身で作った「音声プロジェクト」の機械学習モデルを「Stretch3」で読み込み、利用できる状態になりました。

●「Teachable Machine」の機械学習モデルを使ったプログラム

それでは、「音声プロジェクト」の機械学習モデルを利用した「Stretch3」のプログラムを作っていきましょう。

今回は、「p5.js」のサンプルで作った「ストップウォッチ」や「時計」のような、「時間経過で動く見た目のもの」を作り、その動く針を声で止めたり再始動させたり、といったことをやってみようと思います。

手 順	時計のスプライトを準備する

[1] まず、「時計の針」にあたる「スプライト」を追加しましょう。
画面右下で、図4-28に示した部分を選択してください。

図4-28　標準で用意されている「スプライトの一覧」を表示させる操作

[2] そうすると、図4-28のように、たくさんのスプライトが表示されるので、ここから「Line」というスプライトを探して選んでください。

図4-29の左上にある「検索」と書かれたテキストボックスに「line」と入力して、表示されるスプライトを絞り込むと、楽に探すことができます。

図4-29　標準で用意されているスプライトの一覧

[3]「Line」というスプライトを選ぶと、画面右上と右下のそれぞれに追加したスプライトが表示された状態になっているはずです。

そして、2つあるスプライトのうち画面右下の「Line」のほうが選ばれた状態になっているので、もう少しこのスプライトに関する操作をしておきます。

図4-30 スプライトが追加された後の画面

[4]画面左上に「コード」「コスチューム」「音」という3つのタブがあり、現在は「コード」のタブが選ばれた状態になっています。

それらから「コスチューム」を選んで、図4-31左の画面表示になるようにしましょう。

*

ここでは、コスチュームとして表示されている内容を、「画像エディタ」で編集できます。

今回は、表示されている「赤い線」の位置を移動させます。

[5] 図4-31の右に示したのと同じになるように、赤い線をドラッグアンドドロップで動かし、赤い線の左端の位置が画面中央になるようにしてください。

画面中央部分には、十字と丸を合わせたような見た目の目印が薄く見えるようになっているので、それを利用すると位置合わせがしやすいです。

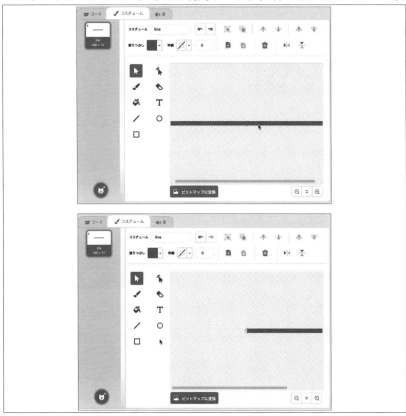

図4-31　スプライトが追加された後の画面
上：デフォルトの状態、下：線の位置を動かした後の状態

これでスプライトの準備は完了です。

*

この後は、ブロックのプログラムを作っていきます。

具体的には、「ネコのスプライト」のプログラムは**図4-32**と同じように、「線

のスプライト」のプログラムは**図4-33**と同じように、作ってみてください。

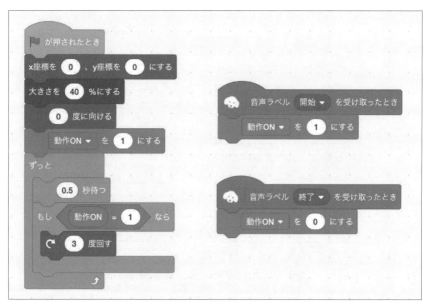

図4-32 「ネコのスプライト」のプログラム

図4-32 「線のスプライト」のプログラム

図4-32、図4-33のプログラムでは、「TM2Scratch」のブロック以外に、以下
のブロックを利用しています。

「ネコのスプライト」のプログラム

「動き」の中のブロック	「見た目」の中のブロック
・x座標を[0]、y座標を[0]にする	・大きさを[100]％にする

「イベント」の中のブロック
・[緑の旗]が押されたとき

「線のスプライト」のプログラム

「動き」の中のブロック	「制御」の中のブロック
・x座標を[0]、y座標を[0]にする	・[1]秒待つ
・[90]度に向ける	・ずっと
・[15]度回す	・もし[○○]なら

「見た目」の中のブロック	「演算」の中のブロック
・大きさを[100]％にする	・[○]=[50]

「イベント」の中のブロック	「変数」の中のブロック
・[緑の旗]が押されたとき	・[変数]
	・[変数]を[0]にする

*

　このプログラムは、「Stretch3」の緑の旗のボタンを押して開始させます。
　デフォルトだと「線のスプライト」が時計回りに「0.5秒」間隔で動いていくはずです。

　この状態で、「終了」のクラスで学習させた音声のどれかと同じ内容を喋ってみましょう。

　そうすると、時計回りに動いていた「線のスプライト」の動きが止まったのではないでしょうか。

　次に、線の動きが止まった状態で「開始」のクラスで学習させた音声のどれかと同じ内容の言葉を喋ってみましょう。
　こんどは、先ほど声で停止させた線が、再び動き出します。

＊

　このように「Stretch3」でも、「Teachable Machine」で作った「音声プロジェクト」の機械学習モデルを利用できます。

4-4 「音声プロジェクト」に関する補足

　「音声プロジェクト」では、「画像プロジェクト」や「ポーズプロジェクト」と同じように、ファイルからのデータ入力を行なうメニューがありますが、他の2つと少し異なる点があるため、ここで補足します。

■「音声プロジェクト」でファイルを利用する

　「Teachable Machine」の「音声プロジェクト」で音を入力する際に、マイクを使ったやり方を試してきました。

　それ以外に「音声プロジェクト」には、「ファイルから音を入力する方法」もあります。

　この、「ファイルを利用するやり方」は、「Teachable Machine」の「画像・ポーズプロジェクト」でも利用できる方法ですが、「音声プロジェクト」のみ少し事情が異なります。

　どのようになっているかを、「音声プロジェクト」のファイルからのデータ入力用の画面（図4-34）を見つつ確認します。

図4-34　「音声プロジェクト」でのファイルを用いたデータ入力画面

　図4-34に書かれたテキストを見てみると、「[サンプルをダウンロード]機能で作った.zipファイルを使用してください」という記載があります。

　「Teachable Machine」の「画像・ポーズプロジェクト」でファイルからの入力を行なう場合は、単純に「画像ファイル」を準備してアップロードすればいいのに対し、「音声プロジェクト」の場合は、「Teachable Machine」上で録音したデータを用いる必要があるようです。

　ちなみに、**図4-35**で示したメニュー内の「サンプルをダウンロード」を選ぶと、ZIPファイルでデータをダウンロードできます。
　また、ローカルへのダウンロード以外にGoogleドライブにもファイルを保存できます。

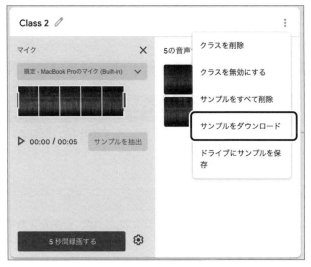

図4-35　「音声プロジェクト」で抽出したデータのダウンロード

　なお、ZIPファイルの中身は「WebM形式のファイル」と「JSON形式のファイル」のセットになっています。

　このZIPファイルの中身が「1秒ぶんの音声ファイルがサンプルの数だけある」というものではないことから、「音声プロジェクト」は少し他の2つのプロジェクトとファイル入力の扱い方が違っていることが伺えます。

第5章

「Teachable Machine」でポーズを扱う

ここまでは「Teachable Machine」の3つあるプロジェクトのうち、「画像プロジェクト」と「音声プロジェクト」の2つを試してきました。
この章では、最後の1つである「ポーズプロジェクト」を試していきます。

5-1 公式サイト上で学習と推論を試す

「Teachable Machine」の3つあるプロジェクトの中で、「画像プロジェクト」と同様に画像を入力データとする「ポーズプロジェクト」を試していきます。

■試す内容について

「Teachable Machine」の「ポーズプロジェクト」は、**(A)** カメラ映像から画像をリアルタイムに取り込むか、**(B)** ファイルで用意した画像データを使って機械学習モデルを作ることができます。

*

これまで「お試し」を進めてきたときと同様に、特別な道具を用意しなくてもいいように、以下のやり方で進めることにします。

・デバイスはWebカメラをつないだ(または内蔵した)PCのみを使用
・PCのカメラに自分の上半身を映した画像を使って機械学習モデルを作成
(「何もしていない」「片手を挙げている」「首を傾げている」という3パターンの画像)
・作った機械学習モデルの動作確認は「Teachable Machine」のサイト上で行なう

なお、今回の「お試し」では上半身のみをカメラに映す形をとりますが、「ポー

ズプロジェクト」は「足」など「上半身以外」も認識対象に含めることができます。

図5-1は「Teachable Machine」の公式ページトップに示されている画像です。

図5-1 「ポーズプロジェクト」で利用される「人の姿勢」の情報

「ポーズプロジェクト」の公式チュートリアルにも出てきた、人の姿勢を示す情報が重ねて描かれている画像です。

このように、全身を映すと「腰」や「足」など「下半身の姿勢」の情報も、認識された結果が、点や線で描かれているのが分かります。

これを活用することもできますが、「全身」が映る画像を準備して試すのは、「上半身」のみを対象とするより手間がかかるので、ここでは手軽に試せる方法を優先しました。

■「ポーズプロジェクト」と「画像プロジェクト」の違い

「ポーズプロジェクト」は、「画像プロジェクト」と同様に画像を対象にした機械学習を行なうものです。

「画像プロジェクト」と違って人の姿勢の情報を使った学習を行なうのですが、**第2章**の「画像プロジェクト」を試した際も人を対象にしていたので、「何が違うのだろう」と思う方がいるかもしれません。

そのため、ここで、「ポーズプロジェクト」について、少し補足をしようと思います。

*

「ポーズプロジェクト」と「画像プロジェクト」のおおまかな違いを**図5-2**に示します。

これは、「学習」と「推論」それぞれの処理の、おおまかな流れを簡単に示したものです。

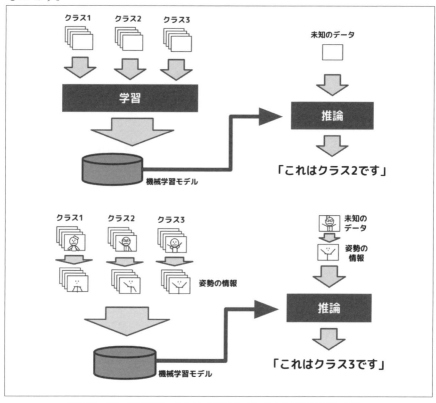

図5-2 「ポーズプロジェクト」と「画像プロジェクト」の処理の流れの違い

「ポーズプロジェクト」を試した際の画面表示の違いでも少し分かる部分はあるのですが、「ポーズプロジェクト」は「画像プロジェクト」とは異なり、「画像」そのものを学習したり推論の対象としません。

「画像」の中で人を検出して「姿勢情報」(棒人間に近いような情報)を抽出した上で、その「姿勢情報」を「学習・推論」の対象とします。

「ポーズプロジェクト」は、「姿勢情報」を抽出してから処理するので、学習や推論における人の見た目上の違いがあっても、「姿勢情報」になった時点でそれらの影響がなくなり、どのような姿勢なのかに着目して扱えるようになります。

■3つのクラスを準備する

それでは、これまでと同様に、「Teachable Machine」の「ポーズプロジェクト」を試していきましょう。

*

ここでは、以下の3つのクラスを準備して試してみます。

①何もしていないときの画像
②右か左に首を傾げているときの画像
③右手か左手を挙げているときの画像

それでは、これら3つのクラスを学習させる画面へと進んでいきましょう。

手 順

[1] ブラウザで「Teachable Machine」の公式サイトにアクセスして、3つのプロジェクトを選択する画面で「ポーズプロジェクト」を選択してください。

そうすると図5-3のような画面が表示されます。

図5-3 「ポーズプロジェクト」の初期画面

[2] ここから、さらに準備を進めていきます。

今回の3種類のクラスを登録するために、以下の3つの名前のクラスを用意しましょう。

①何もしない
②首を傾げる
③手を挙げる

　最初は、「画像プロジェクト」のときと同様に「Class 1」「Class 2」の2つのクラスが用意されていると思います。

　ここで、3つ目のクラスを足すために、画面の左下に表示された「クラスを追加」と書かれたボタンを押して3つ目のクラスを用意してください。
　そして、「Class 1」から「Class 3」まである3つのクラス名を、上で書いた3つの名前に変更します（「Class 1」を「何もしない」に変更するなど）。

[3] 準備が整ったら、1つ目のクラス（クラス名「何もしない」）の画像のデータ入力を行ないましょう。
　「画像プロジェクト」を試したときと同様に、クラスの名前が書いてある箇所の下にある、「ウェブカメラ」と書かれたボタンを押します。
　もし、カメラが複数ある場合は、このときに出てくるプルダウンメニューで、自分が使いたいものを選んでおいてください。

[4] そうすると、カメラから入力された画像が表示されるので、自分の上半身などを映してみて、図5-4のように姿勢の情報が重なって表示されているのを確認してみましょう。

図5-4　姿勢検出をした情報が重なっている様子

この状態で、姿勢検出が行なわれた結果がどのように見えるかを確かめるために、顔の向きや体の向きを変えてみたり、手の上げ下げをしてみてください。

「ポーズプロジェクト」で姿勢の情報を扱う話が少しイメージしやすくなると思います。

＊

さて、データの入力の話に戻りましょう。

まず、「何もしない」という名前にしたこのクラスでは、この後に出てくる2つのクラス「手を挙げる」「首を傾げる」といった動作を「していない」状態の画像を取り込みます。

たとえば、図5-5のような画像です。

図5-5　1つ目のクラス「何もしない」の例

このクラスでも、この後の別のクラスについても、およそ20枚から30枚くらいの画像を取り込みましょう。

「画像プロジェクト」と同様に、最初は手軽に試せる枚数で行なえれば、と思います。

[5] それでは、同じ手順で他のクラスのデータ入力も進めていきましょう。

残り2つのクラスは、「顔の傾き」や「手を挙げている」状態かどうかがポイントです。

「顔の傾き」や「手・腕の姿勢情報」がきちんと学習されるよう、図5-6のようにプレビュー画面上で姿勢情報が重なった表示になっているかを確認するといいいでしょう。

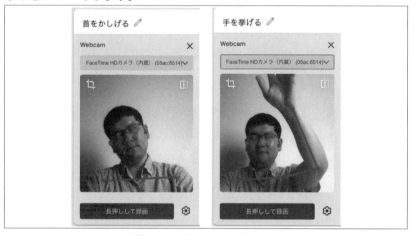

図5-6　「首を傾げる」「手を挙げる」の画像の例

たとえば、肩が隠れて腕の一部しか映っていない場合には、腕の姿勢が認識されず、図5-7のように腕の上には線が重なって表示されない状態になったりします。

図5-7　腕の姿勢が認識されていない状態

[6]「首を傾げる」「手を挙げる」の2つのクラス学習も完了させ、図5-8の状態のように、3つのすべてのクラスに画像が取り込まれていることを確認してください。

　画面の真ん中あたりの「トレーニング」と書かれた場所の下にある、「モデルをトレーニングする」というボタンが「青色」になっているはずです（最初は「グレー」で表示されている）。

　このボタンを押してしばらく待つと、「モデルをトレーニングする」というボタンが「トレーニング済みのモデル」という表示に変わります。

※このとき、「タブを切り替えないでください。」と書かれたポップアップが出るので、「Teachable Machine」のページが表示されたタブを閉じたり切り替えたりせず、そのままにしておきましょう。

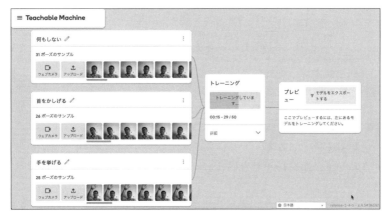

図5-8　すべてのクラスに画像を取り込んだ状態（トレーニング実行中）

　そうすると、画面右側の「プレビュー」と書かれた部分が、図5-9のような表示になっているはずです。

図5-9　機械学習モデルの作成が完了した後のプレビュー画面

＊

さて、続きを進めていきます。

プレビューの表示を見つつ、以下のような動作を行なってみてください。

・左右のどちらかに首を傾げてみる

・右手か左手を挙げてみる

・上記のような動作を行なわない

このとき、学習を進めたときと同様に、意図した姿勢の情報が認識されているかを、姿勢情報が重ねられた状態になっているか見つつ確認するのがいいです。

プレビュー画面の下に表示される推論結果には、意図した結果が表示されたでしょうか。

「ポーズプロジェクト」も、「画像プロジェクト」や「音声プロジェクト」と同じように、少ない手順で機械学習ができ、さらに高い精度で「推論」が行なえます。

＊

これで、「ポーズプロジェクト」の機械学習モデルの作成は無事に完了です。

この後は、これまでと同様に、モデルのエクスポートと、エクスポートした機械学習モデルの活用の話に進みます。

5-2　公式サンプル（JavaScript）と組み合わせる

ここでは、「Teachable Machine」のサイト上で作ってエクスポートした「ポーズプロジェクト」の機械学習モデルを、「Teachable Machine」公式のサンプルを使って動かします。

「公式サンプル」は「JavaScript用」のサンプルになります。

■機械学習モデルを書き出す（モデルのエクスポート）

機械学習モデルの動作結果を確認できたところで、これまでと同様に、「Teachable Machine」のサイト以外でもこの機械学習モデルを利用できるようにする作業を進めます。

エクスポートをするのですが、「ポーズプロジェクト」で選べる「データ形式・手順」は以下のもののみです。

「画像プロジェクト」や「音声プロジェクト」よりも、さらに選択肢が少なくなります。

TensorFlow.js用

・クラウドへのアップロード
・ファイルのダウンロード

また、「サンプル」も他の2つのプロジェクトとは異なり、以下の1種類のみです。

TensorFlow.js用

・JavaScript

＊

ここでは、「TensorFlow.js用のものをクラウドにアップロード」する形式を利用し、「TensorFlow.js用のJavaScriptを使った公式サンプル」でそれを動かすことにします。

| 手　順 | 「ポーズプロジェクト」の機械学習モデルのエクスポート |

[1] まずは、エクスポートを行ないます。

先ほどの推論結果が表示されていた、「プレビュー」画面の右側に「モデルをエクスポートする」というボタンがあるので、それを押してください(図5-10)。

図5-10　モデルをエクスポートするボタン

[2] そうすると「モデルをエクスポートしてプロジェクトで使用する。」と書かれたウィンドウが表示されます(図5-11)。

デフォルトの状態のまま変更などはせず、「モデルをアップロード」と書かれたボタンを押しましょう。

図5-11　モデルをアップロードするボタン

[3] しばらく待つと、図5-12のように画面内の「共有可能なリンク」と書かれた直下のURLが青背景になり、URLの後ろのほうの内容が少し書き換わったものに変化します。

これが、「Teachable Machine」以外のサイト上で機械学習モデルを使う
ために必要な情報なので、このURLはメモなどして残しておいてください。

共有可能なリンク:

https://teachablemachine.withgoogle.com/models/f██████-/　　　　　　コピー 📋

When you upload your model, Teachable Machine hosts it at this link. (FAQ: Who can use my model?)

✓ クラウドモデルは最新です。

図5-12　モデルを利用するためのURL

ちなみに、ここでメモしたURLにアクセスすると、作った機械学習モ
デルの推論を試せるページを開くことができます。

※なお、ここで行なったエクスポートは、「画像プロジェクト」「音声プロジェク
ト」と同様に、「TensorFlow.js形式でのエクスポート」でクラウドに保存するや
り方のものです。

＊

図5-13の下のほうを見ると、「JavaScript」と書かれたタブとプログラムが
表示された部分があります。

ここに表示されているプログラムは、この後に使う公式サンプルなのですが、
後でサンプルにアクセスするためのURLを示すので、ここではサンプルが表
示されている部分があるということだけ見ておいてください。

図5-13　「JavaScript」のサンプルを表示した状態

　この後は、「Teachable Machine」のサイト以外で、このURLを使った推論を実行します。

■「ポーズプロジェクト」のJavaScript用サンプルについて

　この後、「JavaScript」を使った「公式サンプル」に手を加えていきます。

　そのために、「公式サンプル」のプログラムの内容について、少し補足をしておきます。

＊

　サンプルは、「Teachable Machine」のサイト上でも、機械学習モデルをエクスポートする画面で表示されますが、同じものを以下のGitHubのリポジトリで閲覧可能です。

```
Teachable Machine-community/libraries/pose at master · googlecreativelab/
Teachable Machine-community
https://github.com/googlecreativelab/teachablemachine-community/tree/
master/libraries/pose
```

　内容は**リスト5-1**に示した内容になります（もともと書かれていたコメントは削除しています）。
　これまでの2つの事例と違い、このサンプルはそのまま動かせる状態になっていません。

リスト5-1　JavaScriptを使った「ポーズプロジェクト」の公式サンプル

```
<div>Teachable Machine Pose Model</div>
<button type='button' onclick='init()'>Start</button>
<div><canvas id='canvas'></canvas></div>
<div id='label-container'></div>
<script src="https://cdn.jsdelivr.net/npm/@tensorflow/
tfjs@1.3.1/dist/tf.min.js"></script>
<script src="https://cdn.jsdelivr.net/npm/@Teachable
Machine/pose@0.8.3/dist/Teachable Machine-pose.min.js"></
script>
<script type="text/javascript">
    const URL = '{{URL【個々に異なる文字列】}}';
    let model, webcam, ctx, labelContainer, maxPredictions;

    async function init() {
        const modelURL = URL + 'model.json';
        const metadataURL = URL + 'metadata.json';

        model = await tmPose.load(modelURL, metadataURL);
        maxPredictions = model.getTotalClasses();

        const flip = true;
        webcam = new tmPose.Webcam(200, 200, flip);
        await webcam.setup();
        webcam.play();
        window.requestAnimationFrame(loop);

        const canvas = document.getElementById('canvas');
        canvas.width = 200; canvas.height = 200;
        ctx = canvas.getContext('2d');
        labelContainer = document.getElementById('label-
container');
        for (let i = 0; i < maxPredictions; i++) {
            labelContainer.appendChild(document.
createElement('div'));
        }
    }

    async function loop(timestamp) {
        webcam.update();
```

```
        await predict();
        window.requestAnimationFrame(loop);
    }

    async function predict() {
        const { pose, posenetOutput } = await model.
estimatePose(webcam.canvas);
        const prediction = await model.
predict(posenetOutput);

        for (let i = 0; i < maxPredictions; i++) {
            const classPrediction =
                prediction[i].className + ': ' +
prediction[i].probability.toFixed(2);
            labelContainer.childNodes[i].innerHTML =
classPrediction;
        }

        drawPose(pose);
    }

    function drawPose(pose) {
        ctx.drawImage(webcam.canvas, 0, 0);
        if (pose) {
            const minPartConfidence = 0.5;
            tmPose.drawKeypoints(pose.keypoints,
minPartConfidence, ctx);
            tmPose.drawSkeleton(pose.keypoints,
minPartConfidence, ctx);
        }
    }
</script>
```

サンプルを活用した「お試し」を行ないやすくするために、この後本書では、この内容をベースにしつつ「p5.js」の描画を組み合わせたものを独自に用意します。

■「ポーズプロジェクト」のJavaScript用サンプルを用いた「p5.js」のプログラム

「JavaScript」を使った「公式サンプル」を元に、「p5.js」と組み合わせたプログラムを作っていきます。

そして、そのプログラムを示した後に、プログラムの内容の補足も書くことにします。

＊

まず、「p5.js Web Editor」で用意するファイルは、「HTML」と「JavaScript」のファイルです。これは、「Teachable Machine」の「画像プロジェクト」の「公式サンプル」と同じファイル構成になります。

＊

用意する「HTMLファイル」の内容を、**リスト5-2**に示します。

リスト5-2 「p5.js」と組み合わせたプログラム(HTML)

```
<html>

<head>
  <meta charset="UTF-8">
  <title>Teachable Machine Pose Model</title>
  <script src="https://cdnjs.cloudflare.com/ajax/libs/
p5.js/0.9.0/p5.min.js"></script>
  <script src="https://cdnjs.cloudflare.com/ajax/libs/
p5.js/0.9.0/addons/p5.dom.min.js"></script>
  <script src="https://cdn.jsdelivr.net/npm/@tensorflow/
tfjs@1.3.1/dist/tf.min.js"></script>
<script src="https://cdn.jsdelivr.net/npm/@Teachable
Machine/pose@0.8/dist/Teachable Machine-pose.min.js"></
script>
</head>

<body>
  <h1>Teachable Machine Pose Model</h1>
  <script src="sketch.js"></script>
</body>

</html>
```

　ライブラリの読み込みをする部分と、「bodyタグ」内は「h1タグ」でタイトル
を書いています。
　また、これと別に用意する「JavaScript」のプログラムの、「sketch.js」も読み
込んでいます。

＊

　この「JavaScript」のプログラムの内容については、**リスト5-3**の通りです。

リスト5-3　「p5.js」と組み合わせたプログラム(JavaScript)

```javascript
const URL = "https://Teachable Machine.withgoogle.com/
models/【個々に異なる文字列】/";
let model, video, maxPredictions, listPredictions;

const emojiList = ["?", "✋"];

async function load() {
  const modelURL = URL + "model.json";
  const metadataURL = URL + "metadata.json";

  model = await tmPose.load(modelURL, metadataURL);
  const maxPredictions = model.getTotalClasses();
  listPredictions = new Array(maxPredictions);
}

async function setup() {
  createCanvas(320, 300);
  angleMode(DEGREES);

  video = createCapture(VIDEO);
  video.size(320, 240);
  video.hide();
  await load();
  await predict();
}

function draw() {
  background(0);
  image(video, 0, 0);
```

```
fill(255);
textSize(16);
textAlign(CENTER);

if (listPredictions && listPredictions[0]) {
  for (let i = 0; i < listPredictions.length; i++) {
    const label = listPredictions[i].className,
      prob = listPredictions[i].probability.toFixed(2);
    text(label + ": " + prob, width / 2, height - 44 + i
* 20);
  }

  const maxP = Math.max(...listPredictions.map((e) =>
e.probability));
  const indexMax = listPredictions.findIndex((e) => e.
probability === maxP);
  const className1st = listPredictions[indexMax].
className;

  if (className1st === "首を傾げる") {
    textSize(70);
    push();
    translate(width * 0.7, height * 0.3);
    const rotateAngle = map(sin(frameCount * 5), -1, 1,
-30, 50);
    rotate(rotateAngle);
    text(emojiList[0], 0, 0);
    pop();
  } else if (className1st === "手を挙げる") {
    if (frameCount % 50 > 20) {
      textSize(70);
      text(emojiList[1], width * 0.8, height * 0.3);
    }
  }
}
}
```

```
async function predict() {
  const { pose, posenetOutput } = await model.
estimatePose(video.elt, true);
  const prediction = await model.predict(posenetOutput);
  listPredictions = prediction;
  predict();
}
```

　これまでと同様に、プログラムの中で、「【個々に異なる文字列】」という部分は、「Teachable Machine」の機械学習モデルのURLを指定する箇所なので、自身でメモしたURLに置き換えてください。

＊

　どのようなプログラムになるかというと、前の部分でも紹介していた「The Coding Train」の以下の動画でやっているような、動作に合わせたアイコンの表示です。

Coding Challenge #157: Zoom Annotations with Machine Learning + p5.js
- YouTube
https://www.youtube.com/watch?v=9z9mbiOZqSs

　この動画では「Teachable Machine」の「画像プロジェクト」を用いていますが、本書では「ポーズプロジェクト」でやってみます。

＊

　ひとまず、このプログラムを動かしてみて、どんな結果が得られるかを確認しましょう。

> ※なお、この「p5.js」を組み合わせたプログラムでは、「Teachable Machine」のサイトのプレビューで表示されていた、「姿勢推定をした結果の重ね合わせ」は行なっていません。

図5-14 「p5.js Web Editor」で動かしたときの様子

　片手を挙げたり、首を傾げたりすると、それに合わせて画面上に**図5-14**で示したような表示が出てきたはずです。

＊

それでは、ここから**リスト5-3**に示したプログラムを補足していきます。

リスト5-4は、プログラムの「setup()」までの部分です。

リスト5-4　「p5.js」と組み合わせたプログラムの「setup()」までの部分

```
const URL = "https://Teachable Machine.withgoogle.com/
models/【個々に異なる文字列】/";
let model, video, maxPredictions, listPredictions;

const emojiList = ["?", "👊"];

async function load() {
  const modelURL = URL + "model.json";
  const metadataURL = URL + "metadata.json";

  model = await tmPose.load(modelURL, metadataURL);
  const maxPredictions = model.getTotalClasses();
  listPredictions = new Array(maxPredictions);
}

async function setup() {
  createCanvas(320, 300);
  angleMode(DEGREES);

  video = createCapture(VIDEO);
  video.size(320, 240);
  video.hide();
  await load();
  await predict();
}
```

＊

　最初に、「Teachable Machine」の機械学習モデルを読み込むためのURLを指定します。

　その後、いくつかの変数を準備しつつ、この後に表示させる絵文字の配列「emojiList」も準備しています。

　「load()」という関数の中では、実際に上記のURLから機械学習モデルの読み込みを行ない、また、推論結果を随時格納する配列の「listPredictions」も準備しています(この時点では中身はありません)。

「setup()」の中では、以下の処理を行なっています。

・キャンバスの作成
・角度の単位をデフォルトの「ラジアン」ではなく「度」にする設定
・ビデオの読み込み関連の処理
・推論処理用の関数「predict()」の実行

＊

そして、リスト5-5、リスト5-6のプログラムへと続いていきます。

リスト5-5 「p5.js」と組み合わせたプログラムの「draw()」以降の前半

```
function draw() {
  background(0);
  image(video, 0, 0);

  fill(255);
  textSize(16);
  textAlign(CENTER);

  if (listPredictions && listPredictions[0]) {
    for (let i = 0; i < listPredictions.length; i++) {
      const label = listPredictions[i].className,
        prob = listPredictions[i].probability.toFixed(2);
      text(label + ": " + prob, width / 2, height - 44 + i
* 20);
    }

    const maxP = Math.max(...listPredictions.map((e) =>
e.probability));
    const indexMax = listPredictions.findIndex((e) => e.
probability === maxP);
    const className1st = listPredictions[indexMax].
className;
```

リスト5-5のプログラムでは、上から順に以下の処理を行なっています。

・キャンバスの背景色の指定
・カメラ映像をキャンバスに描画
・キャンバス下部に推論結果を表示するためのテキストの設定など
・推論結果の中の「probability」が最大となっているもののクラス名の取得

なお、「機械学習モデルの読み込み」が完了するまでは、上記の3番目、4番目の処理で利用する値などが得られていません。

　そこで、"「listPredictions」の0番目に、推論結果が格納されている場合のみ"に、上記の3番目、4番目の処理を実行するよう、「if文」を入れています。

*

処理は**リスト5-6**へ続きます。

リスト5-6　「p5.js」と組み合わせたプログラムの「draw()」以降の後半

```
    if (className1st === "首を傾げる") {
      textSize(70);
      push();
      translate(width * 0.7, height * 0.3);
      const rotateAngle = map(sin(frameCount * 5), -1, 1,
-30, 50);
      rotate(rotateAngle);
      text(emojiList[0], 0, 0);
      pop();
    } else if (className1st === "手を挙げる") {
      if (frameCount % 50 > 20) {
        textSize(70);
        text(emojiList[1], width * 0.8, height * 0.3);
      }
    }
  }
}

async function predict() {
  const { pose, posenetOutput } = await model.
estimatePose(video.elt, true);
  const prediction = await model.predict(posenetOutput);
  listPredictions = prediction;
  predict();
}
```

　リスト5-5の処理で、「probability」が最大となっているクラス名が取得できているため、その内容を使った画面上への絵文字の描画を行なっています。

　もし「首を傾げる」だった場合は、「❓(絵文字のはてなマーク)」を画面上で左

右に揺らすようなアニメーションで表示させます(揺らすような動きは、「rotate()」と三角関数の「sin()」などを用いて実現)。

　また、「手を挙げる」だった場合は、「✋(絵文字の挙手マーク)」を画面上で点滅表示させるようなアニメーションで表示させます(「p5.js」標準で用意されているフレーム番号を取得できる「frameCount」と剰余演算を組み合わせて、表示・非表示の処理を周期的に繰り返させる)。

＊

　そして、最後の部分が、「setup()」の中で呼び出されていた関数「predict()」の処理の内容です。

　具体的な処理は以下です。

・カメラ映像に対して、姿勢推定の処理を実行

・上記の姿勢推定結果をもとに、「Teachable Machine」の「ポーズプロジェクト」による推論を実行

・変数「listPredictions」に推論結果の配列を保持

・自分自身(関数「predict()」)を呼び出す

＊

　全体はこのような処理になっています。

　前に出てきた「画像プロジェクト」「音声プロジェクト」の「p5.js」のサンプルより、少しややこしい内容ですが、個々の処理の意味を調べながら見ていってください。

5-3 独自拡張版の「Scratch」と組み合わせる

先ほどは、エクスポートした「ポーズプロジェクト」の機械学習モデルを、「JavaScript」のプログラムで使いました。

ここでは、「画像プロジェクト」「音声プロジェクト」でも利用した、独自拡張版の「Scratch」を使った推論を試します。

■独自拡張版の「Scratch」である「Stretch3」を使う

「画像プロジェクト」「音声プロジェクト」の機械学習モデルを利用する話と同様に、「ポーズプロジェクト」の機械学習モデルの「お試し」も、「Stretch3」で進めていきます。

＊

それでは、「Stretch3」のサイト（https://stretch3.github.io/）にアクセスし、まずは拡張機能を読み込みます。

ここで選択する拡張機能について、「画像プロジェクト」「音声プロジェクト」で扱った拡張機能は「TM2Scratch」というものでしたが、「ポーズプロジェクト」で用いる拡張機能はこれとは異なります。

「ポーズプロジェクト」では、**図5-15**に示した「TMPose2Scratch」という拡張機能を用います。

これまで試した拡張機能とは分けて提供されていますが、基本的な使い方の部分は「TM2Scratch」と似たものです。

＊

それでは、拡張機能を読み込んでみましょう。

図5-15　拡張機能「TMPose2Scratch」

「TMPose2Scratch」を読み込むと、**図5-16**のブロックが利用できるように
なります。

図5-16　「TMPose2Scratch」のブロック

もし、**前章**の「TM2Scratch」を利用した手順を試していなかったり、「Stretch3」

のカメラ機能を使ったことがない場合は、この時点で図5-17のポップアップが表示されます。

　カメラを利用できるようにするために、「許可」ボタンを押してください。

図5-17　ブラウザがカメラの許可を求めるポップアップ（Chromeでの表示例）

　これまで利用してきた、機械学習モデルをURLから読み込むブロック（「ポーズ分類モデルURL」のブロック）や、「ポーズラベル［のどれか］を受けとったとき」のブロックなどがあるのが分かります。

●「Teachable Machine」で作った機械学習モデルの動作確認を行なう

　実際に、「Teachable Machine」上で作った「ポーズプロジェクト」の機械学習モデルを「Stretch3」で読み込んでみましょう。

手　順　機械学習モデルを「Stretch3」で読み込む

[1]図5-18で示したURLが記載された「ポーズ分類モデルURL」のブロックがあるので、このURLを、自身が用意した機械学習モデルのURLに書き換えてください。

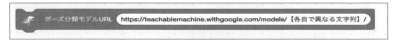

図5-18　「ポーズプロジェクト」の機械学習モデルを扱う拡張機能

[2]そしてURLの書き換えたあとに、このブロックをダブルクリックします。

　そうすると、ブロックの周りが黄色く光り、しばらくの間、「画面右上のカメラ映像」がフリーズしたような感じになりす。

　その後、カメラ映像が「フリーズしていない状態」に戻ったら、機械学習モデルの読み込みは完了です。

＊

それでは、自分が作った機械学習モデルがきちんと読み込まれているか確認しましょう。

図5-19で示した「プルダウンメニュー」をクリックし、そこに「どれか」「上」「下」「なし」という4項目が表示されていれば、正常に読み込まれています。

もし、読み込みが行なわれていない状態だと、たとえばデフォルトの状態の「どれか」という項目1つだけが表示されます。

図5-19　読み込んだ機械学習モデルのクラス一覧

*

さらに、この後の手順を進めていくときに、推論結果がどうなっているかを分かりやすくするために、表示設定を行なっておきましょう。

図5-20で示したチェックボックスに、チェックを入れてみてください。

図5-20　変数の中身を表示するチェックボックス

ここにチェックを入れると、カメラ映像が表示されている部分の左上に、この「画像ラベル」の変数の中身がリアルタイムに表示されるようになります。

＊

　この操作をしたあとに、カメラの前で片手を挙げたり、首を左右に傾げたり、それらの動作をしなかったりすると、今の時点でもそれらの姿勢に合わせた推論結果が表示されるのが確認できます。

＊

　これで、作った「音声プロジェクト」の機械学習モデルを「Stretch3」で読み込み、利用できる状態になりました。

●「Teachable Machine」の機械学習モデルを使ったプログラム

　それでは、「ポーズプロジェクト」の機械学習モデルを利用した「Stretch3」のプログラムを作っていきましょう。

　ここでは「片手を挙げたとき」や「首を左右のどちらかに傾げたとき」に、画面上にちょっとしたアニメーションが表示される、というものを作ってみようと思います。

＊

　まず、画面上に表示させるアニメーションを作るためのスプライトを用意しましょう。

　スプライト関連で行なうことは、以下の3つです。
・「ネコのスプライト」を削除する
・「星のスプライト」を追加する
・自分で「？(はてなマーク)」の文字を入力したスプライトを作る

手 順	スプライトを作る

[1] まず、画面右下で図5-21に示した部分を押して、「ネコのスプライト」を削除します。

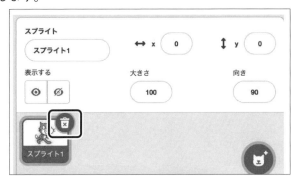

図5-21　スプライトを削除するボタン

[2] それができたら、図5-22で示した部分を押し、その後に表示されるスプライトの一覧から、「Star」という名前の星のスプライトを追加します。

図5-22　スプライトの一覧を表示させる操作部

[3] さらに、図5-22で示した部分の2つ上にある「筆のようなアイコン」を選んで、もう1つスプライトを追加します。

　こんどは、すでに用意されたスプライトを選んで追加するのではなく、ペイントソフトのようなツールで、自分がスプライトを描いて用意する形になります。

[4] ここでは、絵を描くのではなく文字入力をして、スプライトを作ります。

図5-23左に示した部分を押すとコスチューム上に文字入力ができるので、「？(はてなマーク)」を入力してください。

その後、図5-23右に示した部分を押すと、入力した文字の「大きさ」「傾き」「位置」を変える操作ができるようになります。

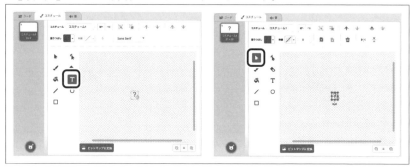

図5-23　自作のコスチュームを作る

[5] ドラッグアンドドロップで、コスチュームの真ん中を示す目印のところに中心を移動させましょう。

また、図5-24左に示した部分を押して大きさを変えてみたり、図5-24右に示した部分を押して、傾きを変えてみてください。

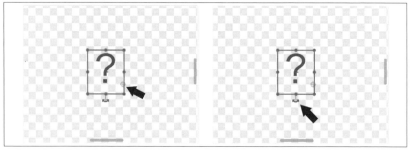

図5-24　コスチュームの大きさ・傾きを変える操作部

＊

これで、図5-25のように、スプライト2つがそろった状態になりました。

「はてなマークのスプライト」は時計回りに少し傾け、大きさもある程度大きくなるようにしてみました。

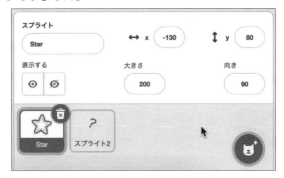

図5-25　今回利用するスプライト(2種類)

＊

スプライトの準備は完了したので、それぞれのスプライトに対してブロックのプログラムを作ります。

具体的には、「星のスプライト」のプログラムは図5-26と同じように、「はてなマークのスプライト」のプログラムは図5-27と同じように作ってみてください。

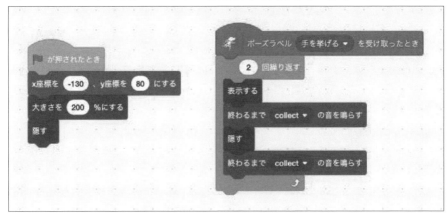

図5-26　「星のスプライト」のプログラム

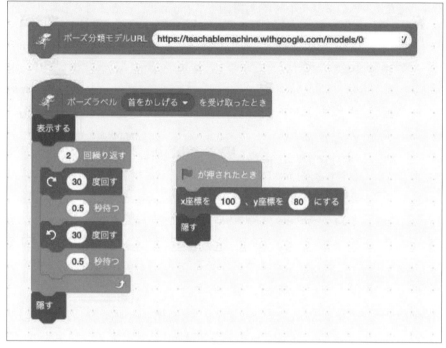

図5-27　「はてなマークのスプライト」のプログラム

　図5-26、図5-27のプログラムでは、「TMPose2Scratch」のブロック以外に、以下のブロックを利用しています。

「星のスプライト」のプログラム

「動き」の中のブロック	「音」の中のブロック
・x座標を [0]、y座標を [0] にする	・終わるまで [pop] の音を鳴らす

「見た目」の中のブロック	「イベント」の中のブロック
・大きさを [100]％にする	・[緑の旗] が押されたとき
・表示する	
・隠す	「制御」の中のブロック
	・[10] 回繰り返す

「はてなマークのスプライト」のプログラム

「動き」の中のブロック	「イベント」の中のブロック
・x座標を[0]、y座標を[0]にする	・[緑の旗]が押されたとき
・[15]度回す(時計回り)	
・[15]度回す(反時計回り)	「制御」の中のブロック
	・[10]回繰り返す
「見た目」の中のブロック	・[1]秒待つ
・表示する	
・隠す	

*

それでは、このプログラムを動かしてみましょう。

片手を挙げると、図5-28左のように星が表示されて、音を出しながら点滅して、首を左右のどちらかに傾げると図5-28右のように「？」が表示されて左右に揺れる、という動きが確認できます。

図5-28　姿勢によって変わる画面表示
左：手を挙げたとき、右：首を傾げたとき

*

このように自分の手や頭を動かしたときの姿勢の変化によって、画面にアニメーションを表示させることができました。

Column 「Teachable Machine」の活用先を拡げる：デバイス連携

　本書では、ページ数の都合で「Teachable Machine」の機械学習モデルを使ったプログラムの例は、かなりシンプルにしました。

　そのため、実際に試してみるのが手軽になっている一方で、活用事例をもっと知りたいと思った方もいるかもしれません。

　そこで、「Teachable Machine」の活用について、本書で多く事例を扱った「JavaScript」と「Stretch3」での応用のヒントとして、デバイスと連動させるヒントを書いてみます。

*

　「JavaScript」を使ったデバイス連携では、対応ブラウザが主に「Google Chrome」限定になりますが、たとえば以下の仕組みを使うことができます。

・Web Bluetooth API
・Web Serial API

　これらを使うと、「Teachable Machine」の推論結果に応じて、何らかのデバイス制御と連動させることができます。

　また、ネットワーク経由でリアルタイム通信を行なう、以下の仕組みを使う方法もあります。

・Web Socket
・MQTT

*

　「Stretch3」の場合、本書で用いたもの以外の拡張機能を見ていくと、以下の特定のデバイスを扱うものがあります。

・micro:bit用拡張
・Scratch2Maqueen
・AkaDako用拡張
・LEGO関連の拡張

*

　ここにあげたようなものを活用すると、「Teachable Machine」の公式サイトの事例にも出ていたような、デバイスと連動する作品を作ることができます。

Column　「TensorFlow.js」を使った仕組みの中のオススメ：「MediaPipe」

　「TensorFlow.js」によって、ブラウザ上で機械学習を扱う仕組みが、公式でいろいろと提供されています。

　その中で、手軽に体験できて扱いやすいと筆者が思うものに「MediaPipe」（https://google.github.io/mediapipe/）があります（図5-29）。

図5-29　「MediaPipe」のページ

　「MediaPipe」は、「JavaScript」に限らず「Python」や「C++」といった言語でも扱えます。

　それらの各言語向けのメニューの中で、「JavaScript」向けのもの（https://google.github.io/mediapipe/getting_started/javascript.html）を選ぶと、その中に「Example」という項目があります（図5-30）。

図5-30　「MediaPipe」の「JavaScript版」のページ

　これらは、ブラウザ上で機械学習を扱い、カメラ画像からのさまざまな認識をする仕組みのデモとなっており、たとえば以下のような仕組みを簡単に体験できます。
（すでに学習が行なわれた機械学習モデルを使い、推論を実行するデモとなっています）

・人の顔の認識　・人の手の認識
・人の姿勢の認識・人の領域と背景の領域の分離

　この「JavaScript版」の「MediaPipe」を開発に使わないとしても、ブラウザ上で機械学習を扱う事例の体験に良いので、よければぜひアクセスしてみてください。

「TensorFlow.js」を使ったブラウザ上での機械学習活用の事例

　「TensorFlow.js」を使うことで、ブラウザ上で機械学習を扱えるという話をいろいろと書いてきましたが、「TensorFlow」の公式ページで「学ぶ」というカテゴリを見ていくと、さらに情報を見ることができます。

　その中で、「JavaScript向け」というページ（https://www.tensorflow.org/js?hl=ja）で「デモ」という部分を見ると、事例のコードや体験ができるページが掲載されています。

図5-31　「TensorFlow」の公式ページ上での「TensorFlow.js」を使ったデモの紹介

　デモの一覧（https://www.tensorflow.org/js/demos?hl=ja）の中には、「Teachable Machine」を使ったものも登場していたり、センサデータを使った野球の投球予測といった、本書で扱ったものとは異なる方向のものもあったりします。

図5-32　「TensorFlow.js」を使ったデモ紹介で「Teachable Machine」が登場する部分

　このデモ一覧のページの下には、さらにたくさんのリンクも掲載されているので、ブラウザ上での機械学習を、さらにいろいろ試してみたいという場合には、見てみることをお勧めします。

索 引

索 引

■著者略歴

豊田　陽介（とよた・ようすけ）

プライベートの活動では、ビジュアルプログラミングやIoTなどに関する複数
の技術コミュニティを主催したり、子ども向けのプログラミングサポート活動
などをしている。

その他、ビジュアルプログラミング、JavaScript、IoTやガジェットなどを用
いた作品の試作、それらに関するイベントでの登壇、Web記事の執筆や技術
雑誌への寄稿も行なっている。

Microsoft MVP（2022年7月現在）

Twitter : https://twitter.com/youtoy
GitHub : https://github.com/yo-to
Qiita : https://qiita.com/youtoy

本書の内容に関するご質問は、
① 返信用の切手を同封した手紙
② 往復はがき
③ FAX (03) 5269-6031
　（返信先のFAX番号を明記してください）
④ E-mail　editors@kohgakusha.co.jp
のいずれかで、工学社編集部あてにお願いします。
なお、電話によるお問い合わせはご遠慮ください。

サポートページは下記にあります。

［工学社サイト］

http://www.kohgakusha.co.jp/

I/O BOOKS

「Teachable Machine」による機械学習

2022年 7月25日　初版発行　ⓒ2022

著　者　　豊田　陽介
発行人　　星　正明
発行所　　株式会社 工学社

〒160-0004 東京都新宿区四谷 4-28-20 2F
電話　　　(03) 5269-2041 (代) ［営業］
　　　　　(03) 5269-6041 (代) ［編集］

※定価はカバーに表示してあります。

振替口座　00150-6-22510

印刷：(株) エーヴィスシステムズ

ISBN978-4-7775-2205-7